永訣

あの日のわたしへ手紙をつづる

金菱清 編
東北学院大学 震災の記録プロジェクト

新曜社

目次

Ⅱ　家族として　55

装幀　大橋一毅（ＤＫ）

作者紹介中の年齢、現在は、執筆時の２０２０年のものです

まえがき

2021年3月11日から　2011年3月11日のわたしへ

東日本大震災の発生から十年という時間を人はどうとらえるだろうか。あっという間か、あるいは長すぎたかもしれない。十年前に思い描いた十年後と比べてみたとき、様々な面での「復興」は進んだのだろうか。変化していく社会に、止まらず進む時間の中で生きる私たちは、この十年目というターニングポイントでいま一度これまでを見つめなおす時にいるのかもしれない。

日々を過ごすなかでどれだけあの時を想うだろうか。日常のなかで私は想う余裕がなかったのだろうと感じる。いまこの瞬間、各々が想う「あの日」に戻ることができたのならば、目の前にいる過去の自分にどのような表情で、どのような言葉をかけるだろうか。この本は、過去と現在の交差によって繰り広げられる十年をめぐる言葉の攻防をつづった31通の物語である。いざ手紙を書こうとPCを前にすると、意気込んでいた手は止まる。震災で大切なひとを喪った私でさえ、十年を経た断片的でおぼろげなあの時の記憶や感情が少しずつ蘇っていく。そしてそれぞれは繋がり鮮明になっていく。しばらく十年前の自分と「自問自答」する時間が続いた。

震災の記録プロジェクトではこれまで、2012年の『3・11慟哭の記録』で被災した人々の体験談を手記としてまとめ、2017年の『悲愛　あの日のあなたへ手紙をつづる』では喪った大切な人に向けての想いを手紙という形で書くことが、当事者が口に出せない、言葉にできない声なき声を、当事者と亡き人との間で行われる手紙のやり取りから文章として表面化していくことで、生者と死者の関係性、そして生と死の物語を、言葉につづるという試みから描いてきた。今回はこれまでとは異なり、あの日から十年という時間を過ごした自分から当時の自分に対して手紙を書くという趣旨のもと様々な境遇、被災状況を過ごした方々に手紙を書いていただいた。

改めて31通の手紙の中に31通りの想い、物語が存在していることを強く実感する。そして十年前の自分にかける言葉が、これから起こることへの注意喚起や訴えであったり、あるいは絶望や悲しみに打ちひしがれる自分への励ましであったり、誰かに向けたものではなく宛先が自分という存在であることが、よりストレートで、素直、あるいは辛辣な表現で伝えられていることがわかる。それと同時に、自分への手紙であるが故の難しさも感じた。内容自体がかなりプライベートなものであるのはもちろん、なかなか書き出せない、書くのが難しいという声をいただいたのも事実である。語り部活動をする人、震災について研究する人、そして被災者や遺族といった震災のいわゆる「エキスパート（当事者）」たちが十年前の自分へ自問自答することの難しさを感じるのである。

私自身、すんなりと手紙を書けたわけではなかった。震災のことを人に話すことに抵抗はない。大学で震災について学んでいる。そんな私という人間を一番理解している人間、それはまさしく私自身である。そのはずなのに、自分の性格や人間性を考えれば考えるほどにどういった内容で書けばよいのか悩んでしまう。たとえば将来のことを知ることが嫌いな私にたとえ良い出来事であったとしてもこれから起こる未来のことを伝えてしまっていいのだろうか……。といった葛藤であったり、どこか自分に見られることへの恥ずかしさであったり、手紙を書いている時間、空間が意図せずとも私という人間を冷静に客観視するものになったのである。

そして私は今回のプロジェクトを通して、私とともに手紙を書いてくれた家族（父・姉・弟）の十年目を迎えて、おそらく「初めて」震災への想いを知ることになる。いくら家族の仲が良くとも、家族間で震災のことや想いを共有するという機会は日常ではあまりない。家族みんなが、震災に対して比較的後ろ向きではないことは知っていたし、なんとなく同じ想いだろう、共通認識があるのだろうと「わかっていたつもり」だった。手紙を依頼した時も、書くことへの抵抗感はなくすんなりと承諾してくれたため、内容がみな似通ったものになるかもしれないという別の意味での不安さえ感じていた。しかし、それぞれの手紙を見たとき、その「勝手な」共通認識は崩れることとなる。しっかり者の姉が抱えていた責任感や苦悩、家族のために生きようと決心する父、滅多に震災のことを語ることのない弟が書いた十年の想い。ふだんの会話からは出ない、耳にすることのない、手紙の中に存在する「言葉」を前に呆然とした。同じ時間、空間を過ごした家族でさえそれぞれが全く異なる想いを背負い、この十年の時を歩んできたのだと感じた。

だが、自分の中の共通認識が崩れたことは、かえってよい結果になったと感じる。いま、十年目を迎えるにあたって家族一人ひとりの想いを知ることができたならば、改めて自信をもって自分のこと、見守ってくれている大切な人のことをみんなでもう一度話し合いたいと思う。それができたとき、今まで以上に個人として、家族として震災に向き合えることだろう。ふだんの生活では間違いなく汲み取ることができない想いは、手紙というフィルターを通したことで見ることができるようになったのである。改めて「書くこと」への意義を強く感じた。

今回、協力していただいた執筆者の方々には、自分自身への手紙というプライベートな内容であるにもかかわらず、仕事や学業などの合間を縫い、そして何より、２０２０年初めの新型コロナウイルスの感染拡大によって直接会うことが難しいという状況においても、執筆を快諾し、寄稿していただいたことに心から感謝を申し上げたい。そして、出版にあたって協力していただいたすべての方々にも、プロジェクトを代表して感謝申し上げたい。

２０２１年3月11日が近づいている。被災地は様々な感情が沸き上がるだろう。喜怒哀楽どんなものであっても、いま一度、この十年間の物語を自分自身とともに振り返ってみてほしい。そしてどうか次の十年後が、喜びや楽しみの感情で満ちていることを願う。

もし十年前の自分に手紙を送るならば、あなたは何を伝えたいですか?

東北学院大学　震災の記録プロジェクト
金菱清ゼミナール学生代表　**牧野　大輔**

Ⅰ　ご遺族として

父の決断を尊重し続けていきたい

目黒　紹

12、1、2月は雪の季節ですが、いま私がいる場所は、雪になりきらない雨が毎日降り続いています。あの日は3月。桜の花びらの代わりにまだ雪が降る日でした。
十年前の私、あなたは同じことの繰り返しのような日々を過ごし、少し退屈な小学校生活を送っているかもしれません。特に何もない日々。しかしそれはとてもかけがえのない、そして普通ではないことだとすぐにあなたは理解するでしょう。

２０１１年3月11日にあなたの人生は大きく変わります。信じられないかもしれませんが、その年、その日に大地震が起こり、津波が発生し、その津波が街を、建物を、そしてたくさんの人までもを一瞬で飲み込んでしまいます。そのたくさんの人の中に、あなたのお父さんが含まれています。自分の町は山の中だからきっと大丈夫だろう。そう思うかもしれません。確かに、あなたの住む町丸森町は、津波の被害を受けることはありませんでした。家具が倒れたり、電気や水道のストップ、土砂崩れや、道路が壊れたりなど、ライフラインに影響は出たものの、沿岸部地域ほどの被害は受けませんでした。しかし、あなたのお父さんは隣の福島県の相馬市役所で働いています。大きな地震など災害があれば、休みの日でも、たとえあなたたちとの約束があったとしても、市民の安全のため仕事に行かなければなりません。行く必要がなくても、心配になって自分から仕事に行ってしまうような、常に市民のことを思う、公務員の鑑のような人でした。私は、あなたがそんなお父さんに憧れていることを知っています。私もいまだに憧れているから。

地震の次の日、状況を伝えに来た相馬市役所の方々から、お父さんは地震の直後、お父さんの上司にあたる人が今後の計画について話す前に、海へバリケードを張りに行った、と聞くことができました。もし、上司の方の話を聞いていれば、お父さんは助かったかもしれない。なぜお父さんは巻き込まれるリスクを伴いながら自分のことを考えずに海へ向かったのか、あなたは理解できないかもしれない。でも、もしお父さんがその場所へ、その時向かわなければ、たくさんの命が失われてしまったかもしれない。この話の度、私はトロッコの倫理実験の話を思いだします。暴走するトロッコの前方に五人の作業員がいて、このままではトロッコは五人をひき殺してしまう。線路の進路を変えて待避線に入れれば、その先にいる作業員は一人。そのまま進むか、もしくは進路を変えるか、というものです。私の答えはわからない、決断することができません。この話は、今回の海の件と似ている点があると思います。実際にその場面のように追い詰められてみないと、私には決断できない。何が正しいのか、それはその人によると思いますが、あの時父が海に向かう決断を正しいと思ったのなら、私はその父の決断を尊重し続けていきたいと思っています。

今、約十年たった今。〝被災地は復興してきています〟だったり、〝傷が癒えてきています〟などという言葉がテレビから、そしてあの頃には普及していなかったスマートフォンから聞こえ、見ることができます。でも、自分がどれだけ復興できたか、どれだけ立ち直ることができたのかは他人が決めることではなく、自分自身で決めることだと思っています。人に決められるほど軽いものではないはずだと。そして私は、まだ復興途上にいます。完全に立ち直ることはないのだろうと考えることすらあります。しかし、この体験から、私は心理学を勉強しようと思うようになりました。私のように苦しんでいる人や困っている人を助けてあげられるような、そんな人に将来はなりたいと考えています。ごめんね、あなたのケーキ屋さんになるという長年の夢は、地震の一ヵ月前の弟の誕生日のケーキ作りに失敗してあきらめてしまったんだ。今のあなたがスマートフォンを知らない、心理学も難しくてわからないと言うのならお父さんに聞いてみなさい。聞けること、学べること、できるだけたくさん。

もし、あなたがお父さんに「地震が来る。津波が来るよ」と伝えられるなら、真剣に伝えてみてください。あなたのお父さんのことです。真剣に聞いてくれるはずです。もし、あなたが、もし私のことを信じることができなかったり、伝える勇気が出ないのならば、せめてこれだけは3月11日の朝、お父さんに伝えてください。

「朝ごはんの目玉焼き、今まで一番おいしかったよ。行ってきます」。

私はこの言葉が言えなかった。日常の中のたった一言、二言をわざわざ伝える必要がないと感じていました。でも、伝えられなかったことを今までずっと後悔しています。私のように後悔することがないように伝えたいこと、伝える必要がないなと思ったことでも全部伝えてみてください。ちなみに、今の私の得意料理は目玉焼きです。

これからあなたは、たくさんの人に出会い、たくさんの人に助けられながら成長していきます。しかし、その方々にあなたがお返しできるのはごくわずかなこと。だから、あなたはその人たちに助けてもらった恩返しとして、これからできる限り困っている人や悩んでいる人を助けてあげてください。私の名前　紹（たすく）は、〝人をたくさん助けられる人になりますように〞という名の意味があります。その名に恥じないようにこれからの日々を過ごしてください。お父さんの友人であり、私の友人でもある、とある人は、

「助けてもらった人に恩返しをする必要はない。その代わり、助けてもらった分、困っている人を助けなさい」

と言ってくれました。私は、私を助けてくれたたくさんの人も含め、できる限りの人を助ける活動をしていこうと思っています。

私の住む丸森町も、２０１９年10月にとてつもない台風に襲われ、全国のテレビで放送されるほど大きな被害を受けました。一人で私たち兄弟を支えてくれたお母さんは、倒れそうになりながらも、必死に町民のことを考えて、毎日行動してくれています。お父さんと同じように。私はそんなお父さんとお母さんが自慢で、その二人の子供として生まれたことを誇りに思っています。あなたはどうか、あなたの家族をどうか大切にして生きていってください。あなたの行動で家族は変わります。あなたの、そしてあなたの家族でより幸せな家族を作っていってください。私も、残された家族で幸せな家族を作っていくことを約束します。

この手紙を読んで、あなたが少しでも幸せな生活を送ってくれることを願っています。

十年後の私　目黒　紹より

作者紹介　めぐろ・たすく

２０００年生まれ、20歳。宮城県丸森町出身。震災時は小学４年生で、学校の教室で授業を受けていた。校庭に避難し、揺れが落ち着くまでの30分程度、雪の降る屋外で過ごした。その後も元の家に住み続けたが、通学が不便という理由で、母と弟の三人で丸森町の中心部へ転居。高校卒業後は県外の大学に進学。

どうかこの手紙を信じてください

佐藤　美香

この手紙がもしも過去の自分自身に届くとしたら、いや届いて欲しいと願いを込め書き綴ります。２０１１年３月10日に届くことを祈り……。

私自身へ
今、あなたがこの手紙を手にして読んでいるとしたら、この手紙に書きしたためている事を信じて欲しいです。
私は、未来のあなたです。
信じられないかも知れないけど、私自身が信じてくれると信じて伝えます。

明日3月11日14時46分に大きな地震が起きます。とても長くて強い揺れです。

この地震により大津波が発生し町をのみ込みます。

今のあなたには信じ難いことを書いているいると思いますが、信じて下さい。

そこでお願いがあります。

明日、愛梨を幼稚園に行かせないで下さい！　朝、愛梨を起こさずそのまま寝かしておいて下さい。

あなたは、もうすぐ（3月15日）卒園式なので、卒園式の練習をさせないといけない……と思うかもしれません。先週まで愛梨が病気をして幼稚園を休んでいたから、他の子はちゃんと出来て愛梨が出来なかったら……と思っていると思いますが、そんな事を思う必要はありません。お願いですから、明日は幼稚園を休ませて下さい。

もしも、私がここに書いている事が信じられず、幼稚園に行かせてしまった時には、朝から幼稚園に電話を必ずして下さい！　そして、この様に伝えて下さい「帰りのバスの送迎ですが、前の便の子ども達と一緒に送迎する事はやめて下さい」と……。

そしたら、同じ便の送迎バス（キミドリバスコース）に乗るはずの子ども達の運命も変える事が出来ます。

きっと今、あなたの頭の中は？？？はてなマークになっているかと思いますが、子ども達の命を救う事に繋がります。

愛梨をお休みさせる事を決断した場合でも、一言バスの送迎について言ってあげて下さい。

あなたが、一言添えるだけで、悲しい想いをする人が減ります。

この手紙の内容は、あなたにとって、とても荷が重い事を言っているかもしれませんね……。

ですが、あなただったらやれます！　私は、私自身を信じています。

どうかどうかこの手紙の内容を信じて下さい。

愛梨を守ってあげる事が出来るのはあなたしか出来ません！

未来の私からこの手紙を受け取った私を信じ、願いを込めて……そして、愛する我が子を守る為に……。

２０２０年　佐藤　美香

作者紹介　さとう・みか

１９７５年生まれ、45歳、宮城県石巻市在住。長女の愛梨さんが通っていた幼稚園の送迎バスに乗車し、津波と火災に巻き込まれた。日和山の中腹にある幼稚園は、地震や津波の被害も受けず、ここに待機していれば助かっていた命であった。地震後、愛梨さんは内陸部行きの後続のバスではなく、沿岸部に向かう前便のバスに乗せられた。大津波警報と防災無線が鳴るなか、バスは海側に向かって出発した。園の近くにいた人がたまたま撮ったビデオには、愛梨さんがバスに乗り込む姿が映っており、それを見るたび「乗っちゃ駄目！」と叫んでしまう。責任のあり方をめぐり日和幼稚園を相手取って訴訟を起こし、２０１４年12月仙台高裁で勝訴的内容で和解した。現在、語り部活動を通して、バスが発見された現場や遺品を紹介し、当時の記憶と命の大切さを伝えている。愛梨さんへの手紙は、愛梨さんの妹の珠莉さんの手紙とともに『悲愛』に所収。

拝啓　十五だった私へ

佐々木　奏太

手紙――。

本来ならば、〝差出人〟と〝受取人〟がいて成り立つ一通の物語。
今はその物語が成立するかどうか分からないけれど、十年前に時間を戻し、ゆっくりと回想してみることにしました。「拝啓～十五だった私へ～」

中学校卒業を間近に控えていたあの日。同級生の顔が今も浮かびます。
中学最後の通信簿。式よりも一足早く受け取った〝卒業アルバム〟。
その時、その瞬間は未来を見据える私たちにとって、知る由もない大きな出来事になろうとは……。

春間近の2011年3月11日。
宮城県内では、3月になっても雪が降る時があります。
「春まだ遠い」と言われることもしばしばありますが、こんなにも遠い春を待ちわびた経験は未だかつて無かった気がしています。

3月11日午後2時46分。三陸沖を震源とするM9・0の巨大地震が東北沿岸各地を襲いました。この事実を冷静に手紙として綴っている今でも、まるで架空の出来事として受け止めている部分もあるかもしれません。

「生きる意味」を考えたことすら無かった未熟な私自身は、その日を境に、どこへ向かえばいいのか、誰の言葉を信じて歩けばいいのか？
ひたすら、答えのない〝問い〟に向き合い続ける日々がその日から始まったように思います。

私自身、はっきり言ってしまえば、地震こそ体験したものの津波の危機にはさらされずに時を過ごしました。そのため、津波の脅威は、この時どれほどのものであるかは分かっていません。当時通っていた中学校。そこで私は沢山の恩師や、地域住民の方に支えられ、「命」を繋ぎとめることが出来ました。

同級生や先生、地域の人々と寒さに耐えながら眠れぬ夜を過ごしたあの日。励まし合って翌日の卒業式で合唱するはずだった歌をみんなで口ずさんだ夜は、「3・11の夜」として、私をはじめ、同級生たちにとっても記憶から失われることのない長い一日、そして一晩となりました。

その歌にあった歌詞を一つ紹介します。

「――ゆっくりと歩きだそう　この道　未来へと続く――」。

歌が示唆しているように、私たち一人一人も、辛い現実に決して目を背けず、ゆっくりと自分のペースで未来への一歩を踏み出していたのかもしれません。

続いている道が途中で枝分かれしていたり、進む方向を見失っていた時もありました。それでも、中学卒業前日の夜に励まし合い口ずさんだ歌は、今もなお、心を励ます〝応援ソング〟であり、私にとっては、かけがえのない〝卒業ソング〟になっています。もしかすると、私はこの歌を作り、歌い上げた方々から、メッセージとしての手紙を知らず知らずに受け取っていたのかもしれません。

励まし合いながら歌を口ずさんだ夜に、心の中で私が思ったこと。

「大人の先生、地域の人だって傷ついて眠れないかもしれない。それでも皆、手を取り合って生きているんだ。きっとそうだよね」。

翌日の朝に変わり果てた大好きな町を高台の中学校から見下ろしたその景色。キャンバスボードに沢山の絵の具を混ぜ合わせて描いたかのような黒く荒んだ光景でした。中学校校舎2Fの美術室から見た今も忘れぬ町の姿です。

情景描写は人それぞれ感じ方が違うと感じています。

そして何よりも、十年前の自分と、今この瞬間に手紙を書いている自分。同じ私自身でも、当時の情景はまた違って見えているかもしれません。


それから、大切なまちを数日間はなれた私。

まちにも負けないくらい大切な家族を探すために。


それでも、五年たっても、十年たっても、その人とは会えません。

本当に荒れた青春の海は厳しい。津波が奪い去った青春の時間はかけがえのないものですが、今、海を眺めると「こんなに綺麗な海なのに」と、矛盾した事実に直面し、うまく言葉に表せなくなってしまいます。

そんな現実を恐れずに突き付けてくる自然の猛威に私は抗えませんでした。


これからも全国各地で起きてしまうかもしれない自然災害。

形や姿を変え、人々の命に向かってそれは突進してくるでしょう。

ある日。突然。ある種、平等（＝いつ・どこで・誰に・どのようにして）に襲いくるその天変地異に、私たちがなす術はないのでしょうか……。


―自然災害―。避けては通れない一つの道かもしれません。

むしろ、その災害と共生していく、「With」の生き方を模索していくことこそ、これからを生きていく私たちの役目であり、生きる姿を見せていくことになるのだと思います。

全ては「命に意味づけをしていく」ことになる。そう信じて。


15歳だった自分。

誰しもその先はまだ見えていないのだと今更ながら実感します。


「これからどうしていくのだろう?」

「自分とは何だろう?」

「どこへ向かっていくのだろう?」

「問い続ければ見えてくる」。

これらは全て、思春期の壁にぶち当たりながらも、自身の成長と共に壁に向き合うことをテーマにしたある楽曲からの言葉です。

東日本大震災という、大きな出来事を経験した私。
その私自身が、当時（＝２０１１年３月11日）から問い続けてきた言葉一つ一つもまた、これらと同様のものでした。

最後の「問い続ければ見えてくる」。具体的に何がどのようにして見えてくるのかは、先に書いた情景描写と一緒で、人それぞれなのでしょう。
しかし、〝問い続ける〟ということにも辛い時期があります。

その辛さを家族や友人に打ち明け、共に語ることが出来るような存在こそがとても貴重なのだと、私自身、気づくことが出来るようになってきました。
その存在。それこそが、〝問い続けて〟見えたものなのだと。

私にとってのある存在。その相手や対象が、「手紙交換」をする間柄の存在になっているのかもしれません。互いが手紙の〝差出人〟であり、〝受取人〟です。私も、この手紙を書いている一人として、「手紙」が持つ力や、思いを込めた言葉が織りなす人々の感情の動きなどには改めて感動しています。

「人生の全てに意味があるから」

楽曲が変化を見せる箇所の最初の歌詞です。

これまで十年間、沢山の人と出会い、話を重ねた私。

これから数十年間。この言葉を噛みしめていくことになりそうです。

ここまで、経験してきた多くの事を、自分自身の気持ちに置き換えながら、文字にして書き出しました。

それでも伝えたいことは、多すぎて書ききれないような気がします。

今いる家族、過ごしている時間、見守って下さる方々。数ある命。これらは身近で大切にできる存在です。ふとした瞬間に思い浮かべ、その姿をいつまでも傍に置いていてほしいとそう感じます。

そして、最後に一つだけお伝えできるのなら……。

拝啓　この手紙　読んでいるあなたが　幸せなことを願います。

作者紹介　ささき・そうた
1995年生まれ、25歳。宮城県本吉郡南三陸町出身。震災時は南三陸町内の中学3年生で、当日は卒業式を翌日に控えた中学校で一夜を過ごした。震災の津波で父親を亡くした。父は宮城県石巻市の大川小学校に勤務中、犠牲になった。約一ヵ月後に遺体が見つかっていたものの、翌年夏に初めて身元が判明した。大学生の時には、児童の遺族とともに大川小に立ち、何が起きたのかを語ってきた。マスコミの取材にも理路整然と答える一方で、その間、休学も経験し、自問自答を繰り返す日々を過ごした。現在、気仙沼市内の新聞社に勤務。街の姿が変わりながらも復興へ前進している、自身の愛する故郷である南三陸町や、日々の仕事で携わる被災地域と共に歩み続けたいと願っている。

十年の歳月は忘れられない

佐藤　せつ子

２０１１年３月11日（金）あの日に今戻れたら、あの時、あんな大きな地震があったのに。どうして逃げようとしなかったの？「地震があったら津波に注意」海の近くで育ってチリ地震津波の被害にもあっているのに。大津波警報が出ていたのに。

合同庁舎まで津波が来るなんて思いもしなかったよね。二〜三日前に地震があったとき、なんでもっと危機意識を持たなかったのだろうね。近い将来宮城県沖地震が必ず起こると何度も言われていたのに。悔やんでも悔やんでも悔やみきれないよね。あの日まで、あの朝まで、平穏な毎日がこの先ずっと続くとばかり思っていた。あの朝の会話、あの声が二度と聞けない。あの朝の笑顔がもう見ることができない。「今夜仙台へ行く？

それとも明日の朝行く？」って問いかけられたとき、「今日先に仙台へ行っていていいよ。私は夕方の電車で行くから」って答えていれば、死なずにすんだのかもしれない。私が「どっちでもいいいよ」って軽く答えたばかりに……。

十年前のあの日まで一生懸命生活をしていましたよね。他人に何か言われるのが嫌で、負けず嫌いだから、畑仕事も早朝にして職場に行き、帰宅後は酒店の商売もして、休日は田んぼや庭の手入れなどよく働きました。子供達も大学まで行かせ、仙台にマンションも買いました。嫁ぐ時、母から言われた言葉を守りました。「あの嫁が来て財産が減ったと言われないように生活しなさい。お義父さん、お義母さんの言うことには逆らわないように。お天道様はみているよ」。辛い時、悔しい時、いつもこの言葉を心に秘めて頑張りました。

今も朝起きたら必ずお日様に願いを込めて手を合わせていますよ。

合同庁舎に電話交換員として採用されて、時代の流れとともに仕事の内容も変化していき、人間関係にもずいぶんと悩まされて、何度仕事を辞めようと思ったことか。でも逃げたくなかったので続けましたよね。誰かの言葉じゃないけれど、自分で自分を褒めてやりたいです。「若い時の苦労は絶対役に立つ」その言葉を信じて頑張って精一杯生きていた十年前の私。4月からの新しい生活に夢を描いていました。武敏さんは気仙沼での官舎生活になるので、たまには食事作りに行ったり、ピアノ教室にも通う予定でした。退職後は家を改築する予定で設計図も出来ていました。第二の人生は健康でなくてはいけないとジムにも通っていたし、食事にも気をつけていましたよね。

それなりに老後の資金も日々やりくりして確保していました。まさか第二の人生が、ひとり暮らしで南三陸町ではなく仙台で暮らすことになるとは、誰が想像していたでしょうか。

震災の後、「想定外」という言葉がたくさん言われていたけど、誰にでも、いつどこでも生きている限りいつも「想定外」です。この言葉で震災を語ってほしくないです。

十年前の私には考えられない事が他にもあります。テレビや新聞の取材を受けたり、他の遺族の方達と交流したり、宗教者の方々と出会えたり、若い学生さん達とも知り合いになりました。たくさんの支援や励ましもいただきました。十年の歳月は忘れられない、忘れてはいけない年月だと思っています。孫も増えました。孫達の成長を見ていて、十年過ぎたのかなぁ、早いなぁ、歳を取ったなぁって思う時があります。

いつどこで、どのような災害が起きるか、誰が被害に遭うか分かりません。災害は忘れた頃にやってくるって言われますけど、その通りだと思います。阪神淡路の災害が起きた時も「大変だなあ」って他人事として思っていて、自分が災害に遭って初めて知った気がしました。どこかで災害が起こると改めて防災グッズなど点検するけれど、また時間の経過とともにそのままにしています。十年前の私は今以上に自分の所には、自分には、災害なんて起こらない、遭わないと思っていましたよね。

これから先の十年後はどうなっているのでしょう。75歳、元気でいますか？　子供や孫達に迷惑をかけていませんか？　自分の事は自分で出来ていますか？　生きていますか？

十年前のあの痛ましい災害を乗り越えてきたのだから、これから先どのような事が起こっても私なりに強く生きていけると確信しています。

作者紹介　さとう・せつこ

1955年生まれ、65歳。宮城県南三陸町出身。南三陸合同庁舎で被災し、消防職員の夫・武敏さんを亡くした。震災後は月命日に旧南三陸消防署跡地の慰霊碑で手を合わせ拝んでいる（石田晃大・伊藤理南・蛭田優介「生活再建のなかの慰霊碑建立――遺族の心情をつなぐ震災犠牲者の鎮魂」『震災と行方不明』参照）。仙台市に移住したあとは、孫の成長を見守りながら、自分の趣味を見つけ人生を歩んでいる。病気を患い南三陸町に行く機会が減ってしまったが、体調の良い時には地元である南三陸町西戸地区を訪れ、友人と楽しくお話をしている。

おばあちゃんが一番近くにいてくれる

大沼　英莉

十年前の3月11日、あなたはとても幸せな時間と想像もしない地獄のような時間を過ごします。

まず、今幸せな時間を過ごしているあなたへ。あなたは高校を卒業し春休み真っ只中ですね。中学3年生の春休みに同居するおばあちゃんと仙台に行ったのがとても楽しかったようでおばあちゃんにたびたび「英莉とまた仙台に行きたいな～」と言われていましたね。だけど、高校に入ってからは部活漬けの毎日で、先延ばしにしていると思います。そしてようやく時間ができたのは3月11日。その日は、大好きなおばあちゃんと午前中から仙台で大学で着るようにと洋服を買ってもらったり、ランチに牛タンを食べたり、おばあちゃんが大好きなモンブランを食べます。そしておばあちゃんがモンブランを食べている時に、「英莉とまた仙台に来れてばあちゃんは幸せ者だ」と満面の笑みで言ってくれます。あなたは心の中で「私も幸せだよ」と思いながらも気恥ずかしくてただ笑っているようだけど、どうかその心の声を言葉にしておばあちゃんに伝えてあげて下さい。いつでも伝えられると思っている言葉が、その日の午後には一生伝えられなくなってしまいます。

それからのあなたは、いつも当たり前にいてくれると思っていた家族や友人、周囲の人と同じ時を過ごせているのは奇跡の連続であり、その人達と過ごしている時間を大切にし、伝えたい事はその時に伝えないといけないと気づきます。

それから、地獄のような時間を迎えようとしているあなたへ。仙台からの帰り、最寄りの駅におじいちゃんに迎えに来てもらい自宅のある七ヶ浜に着いた途端、歴史に残る地震とその数十分後には大津波に巻き込まれます。その日はひいおばあちゃんがデイサービスに行っていて、そのお迎えをしなければと随分早めに仙台から戻っているようだけど、もう少しゆっくり仙台に居ても大丈夫！　ひいおばあちゃんは、その日自宅には帰らず施設の方々のおかげで無事です。もし、あと一時間長く仙台に居たら状況は変わっていたかもしれません……。今となってはあの時あぁしていたら、こうしていたらと思う事がたくさんあります。

そして、自宅に着いて地震の大きさから津波が来ると判断したあなた達三人は指定の避難所へ向かいます。暫くすると、避難所から津波が自宅を飲み込む光景を見て、呆気にとられ逃げ遅れてしまいます。その時、あなたは近くにいたおばあちゃんを守ろうと「逃げて！」と叫びながら手を握り走り出すけれど、津波に飲み込まれその手を放してしまいます。あなたとおじいちゃんは、流れた先の木につかまり助かったけれど、おばあちゃんは津波の犠牲者になってしまいました。

あなたは、手を放してしまった自分を責め、憎み、罪悪感に駆られて一生心から笑う事が出来ないと思い日々を過ごしていますよね。十年という月日が経ち、今も手を放してしまった感覚は鮮明で、自分を責め憎む気持ち、罪悪感も変わらずあります。きっとその感覚や気持ちは一生変わらずにあるものだと思います。でも、あなたはたくさんの人に支えられ、心から笑えるようになっています。そして、お家がある事、ご飯が食べられる事、着るものがある事、友達と笑いあえる事、家族と「ただいま」「おかえり」とやり取りが出来る事、他にもなんて事のない日常がどんなに幸せかを噛みしめながら生きています。

そして、小さい頃からおばあちゃんがことあるごとに「英莉の成人式に振袖を買ってあげてその姿を見る事と、英莉の結婚式に出る事が夢なんだ」と話してくれていましたよね。震災から二年後にあなたは無事に成人式を迎えます。そこで、おじいちゃんがこれはおばあちゃんと二人からと言って買ってくれた振袖を着ています。嬉しいはずの成人式、でも写真に写るあなたの顔は腫れぼったい目をしています。なぜならば、前日におばあちゃんに振袖姿を見せてあげられない事への悔しさや寂しさに苛まれ、大泣きをしてしまったからです。

それから、あなたは27歳で結婚式を挙げます。そこでは、おばあちゃんの席を準備し、おばあちゃんへの気持ちを込めた手紙を読み進める中、成人式前日と同じような気持ちになります。

今あなたは、おばあちゃんが手の届かない一番遠い存在になってしまったと思っていますよね。でも、十年という長い月日を経て心の痛みと共におばあちゃんが一番近くにいてくれていると思うようになっていきます。

あと、あなたは震災以降ずっと、最愛のおばあちゃんを喪ったおじいちゃんの心の傷にどうやったら寄り添えるのかと考えていますよね。考えた結果、おばあちゃんの代わりになろうと思いながら接し、全然おばあちゃんに近づけない自分に落胆し続けながら日々を過ごしていると思います。ようやく最近気づかされたのは、あなたはおばあちゃんの代わりにはなれないという事です。おじいちゃんにとっておばあちゃんは唯一無二の存在で、代わりには誰もなれないのです。

だから、気負わずに孫としてあなたしかできない事をすればきっと大丈夫！

そして、最後におばあちゃんへ。

伝えたい事は山ほどあるけど、いつも側に居てくれてありがとう。それから報告があります。

この手紙を書いている今、お腹に赤ちゃんがいます。

おばあちゃんと同じ十月に生まれる予定です。

おばあちゃんにひ孫を抱っこさせてあげたかったな。

いつか、お腹にいる赤ちゃんが物事を理解できるようになったら、私がおばあちゃんと過ごしたかけがえのない思い出や、あなたはひいおばあちゃんが私の命を守ってくれたから生まれてきたんだよと伝えたいと思っています。

おばあちゃんに守ってもらったこの命を全うして、おばあちゃんに会える日が来たら、一緒に仙台に行こうね。その時は私からおばあちゃんへ「また一緒に仙台に来れて私は幸せ者だよ」って気持ちを伝えるね。

作者紹介　おおぬま・えり
1992年生まれ、28歳。震災時、宮城県七ヶ浜町在住で高校を卒業したばかり。震災当日は指定避難所に祖父母と一緒に避難する途中で津波が襲来し、祖母の手を放してしまい祖母が犠牲になってしまった。自宅も全壊し、それまで当たり前にあった日常を失った。東北学院大学1年生から金菱ゼミに参加し『3・11慟哭の記録』に手記を寄稿（旧姓渡邊）。自責の念と、自分を生かしてくれた祖母への想いと共に日々を過ごし、インドネシア大津波の被災地アチェでの交流に参加するなど、震災の記憶を語り伝えてきた。結婚し、現在一児の母として命の大切さを実感している。

生かされている自分に感謝

茂木　加代子

　十年前のあの日、あなたは夫と二人で暮らし、時折顔を見せる子や、孫の来訪を楽しみに、平凡ながら幸せな毎日を過ごしていましたね。未曽有の大地震が発生したあの日、あなたは石巻新漁港の近くに住む叔母宅へ遊びに行く約束をしていたのが、何かしら、気分がすぐれず、急遽叔母宅に断りの電話を入れたのです。「ごめんね、今日は調子が悪いから行けないけどまたの機会に行くからね」いつもお茶飲みをしながら話の尽きない叔母さんとあなた……本当に気の合う二人でした。

「いつでもいいから都合のいい時遊びにおいで、待ってるからね」と、87歳になる元気な叔母さんの声が返ってきました。あの時の電話の声が叔母さんとの最後の言葉だとはその時知る由もありませんでした。

地震発生数分前、私は肌寒さを感じて炬燵《こたつ》でうとうとしていました。突然、家全体が激しく揺れびっくりして慌てて外へ飛び出しました。私の顔は恐ろしさのあまり、かなり引きつっていたかも知れません。後で考えてみると、私の行動は決して感心できるものではありませんでした。状況次第では、とても危険な事柄だったのです。常日頃、地震が来たらあのようにしよう、このようにしようと、いつも心に言い聞かせ思っていたことが全く、何の役にも立ちませんでした。地震発生から5分後、外へ出て右往左往する人たち。「6ｍの津波が来るらしいよ」とラジオを聞いていた近所の人が青白い顔で言いました。

私は慌てて夫を急き立て、最近向かいのアパートに越してきて地域のことを知らないであろうと思われる娘さんに声をかけ、三人で降りしきる雪の中避難所である高台の小学校へと急ぎました。けたたましく鳴り響くサイレン、灰色の空、殺伐とした異様な空気。心臓の悪い夫の手を取り、逃げるのに精一杯、ようやくたどり着いた小学校の体育館には避難して来た人々が殺到していて混雑していました。その後、大津波が押し寄せ、どす黒い波が海辺の町を呑み込み、そこに住んでいた人々を死に追いやるとは誰が想像したでしょうか。悪夢なら早く覚めてくれと思いながら騒《ざわ》つく冷たい避難所で、眠れぬ夜を過ごしました。電話はつながらず、連絡の取れない家族の安否を思い、無事であることをひたすら祈りました。

地震発生の翌日、日和山から見たふるさとの光景。石巻の変わり果てた姿、破壊された街はあまりにも無残でした。私は自然の驚異にただ、ただ呆然とするばかりでした。震災から二日目は比較的被害の少なかった弟宅へ行き、毛布とタオル日用品を貰い避難所へ戻ろうとすると義妹が「遠慮しないで、いつでも家へ来てね」と優しく声をかけてくれました。帰りの山道は涙腺が緩んで年甲斐もなく泣きながら歩きました。その夜は毛布のお陰で寒い思いをせずに済みました。その後、連絡の取れた息子一家が駆けつけてくれました。私たちの姿を見つけた嫁さんは飛び上がらんばかりに駆け寄ってきて嬉しそうに私の手を取りました。二人でその場でピョンピョンと飛び跳ねたことを覚えています。私は家族の無事な姿を見て本当に安心しました。嫁さんの作ってきたおにぎりの味は格別でした。他の人にもおにぎりをわけ、喜んでくれました。

避難所には一ヵ月いました。湊の実家は全壊し、我が家は大規模半壊になりました。不自由な避難所生活の中であなたが目にしたのは、協力し、共に助け合う人々の姿です。あの時は自衛隊の人々、ボランティアの人たちに本当に助けてもらいました。感謝の気持ちでいっぱいでした。家族を喪い慟哭の日々を過ごしている人、やり場のない怒り、悲しみ苦しみに打ち震える人々、誰かに激しく当たる人、あの震災でいまだに行方不明になっているご家族の心中を思うと辛くて胸が痛みます。地震発生時、もしあの時叔母宅へ行っていたならば、叔母と従兄弟と共に命を落としていたかもしれない自分です。一寸先は闇、運命というものを強く感じています。

あの東日本大震災で多くの方々が無念の死を遂げました。知人も数多く亡くなりました。現在の私は亡くなった方々のご冥福を祈り、あの日の出来事、体験を忘れることなく生かされている自分に感謝をしつつ、毎日を過ごしています。

作者紹介　もぎ・かよこ

１９４０年生まれ、80歳。宮城県石巻市出身、震災時は夫と自宅にて被災した。自宅は１ｍ５０㎝ほど浸水し、大規模半壊になった。叔母の息子である従兄弟が叔母の家に心配して駆けつけたが、二人とも津波に遭い、家の中で亡くなっていた。震災発生から一ヵ月間、夫とともに近所の高台にある小学校で避難所生活を送った。その後は震災以前の日常を取り戻しつつあったが、夫が体調を崩し、通院などを経て入退院を繰り返すようになった。さらに在宅介護となり、亡くなるまでの一年間力を尽くし、夫を看取った。現在は子供や孫の来訪を楽しみにしながら、絵を描いたり本を朗読するなどして過ごしている。

後悔しない生き方を

新野　夢乃

十年前の私の頭の中は何に夢中だったかな。部活、友達、これからのこととか。何が一番だったと今では思い出せないくらい毎日が楽しかったですね。大人になった私の周りは今も楽しいことばかりですよ。たくさんの友達が出来ます。

今まで見たことない景色をたくさん見ます。苦手な食べ物が減っていきます。13歳の私が想像もしてないことが未来ではたくさん待っています。

その未来にはあの震災も入っています。「東日本大震災」。あなたはこれから一生この言葉の存在が近くにあることになります。この震災のせいであなたの人生は変わりました。今の私がこの十年を振り返ると、周りの環境に恵まれて育ったなと思います。でも、恵まれて幸せだと思う反面で、後悔や寂しさなのか、なんとも言えない感情も一緒についてきました。そっちの方が大きいかな。

その感情が生まれた理由があの震災です。すごい地震が中学の卒業式の後に起こるよ。本当に大きい揺れ。家の中全部がぐしゃぐしゃになるくらいの。地震のせいでおきた津波と原発の事故で私はもう家に帰ることは出来なくなります。故郷は津波でもうあなたにとって当たり前の景色は二度と見ることができません。そして毎日会えていた人とも会えなくなります。あなたの大好きなお父さんとも会えなくなります。今の私もお父さんとは震災の日以降会えていません。会えなくなったのは、お父さんだけではありません。きょうかやだいきともう会えません。隣の家のさんぺいじいちゃんとばあちゃんともです。たくさんの人と突然会えなくなります。小さい頃、人はいつか亡くなることが怖くて泣いていた時期がありましたね。実際はよく分かりませんでした。急すぎて、混乱のまま生活を繰り返していました。寂しさは消えなかったけどね。

これがあなたの十年前の始まりです。私がここに書くことで後悔ない生き方を出来ていたならとアドバイスというより、私に対しての悪口と感じた不満を書かせてください。

まず、自分の意思を持ってください。小さなこと、大きなことでもあの時こうしたら……。何度もあります。今パッと自分の意思でやったなと思うのは、高校の部活と震災のゼミに入ったことぐらいです。でもあなたはサークルやゼミなど震災関係にもう関わらないで生きてほしいです。私は震災関係に関わることで、故郷を思い出せるし、ある意味自分の中で忘れないで繋がっていられると思っていました。実際にそうなれてましたよ。ゼミでやることでお父さんのことと故郷をずっと考えていられました。でも逆に余計に苦しくなったのは間違いありません。思い出したというのもあるし、題材を自分にしたことで自分の首を絞めているような気がします。題材にした踊りはこれからも残ってほしいし、踊りを小6以降も続けられて本当に嬉しかった。美咲とか柴にまた会わせてくれたものだし、それこそ請戸と繋がっていられた。でもメディアになんてでるんじゃなかった。お母さんを何度も困らせました。それをまた繰り返そうとしている自分が嫌いです。

私は自分が嫌いです。お母さんを幸せに出来てないし、弟の面倒もちゃんと見れなかった。お父さんがいない代わりに私がしっかりしないとなのに。お父さんがいなくなって何を恨めばいいのか分かりませんでした。津波?・原発?　でも恨んでも帰ってきません。帰ってこないお父さんを恨んだこともあります。

でも今お父さんが帰ってきたら死んだってことになるんだろうね。私は年月が経つと共にお父さんが帰ってこないことを願っています。本当になってほしくないからかな。あと絶対に聞いた瞬間泣いちゃうから。今も変わらずすぐ泣きます。でも家族の前では絶対に泣きたくないです。たぶんあなたもいずれ分かりますよ。今思うとお父さんが好きで憧れているのに、いなくなったお父さんを否定し続けていました。お父さんの葬式なんて全く覚えていません。周りにお父さんが行方不明と言いたくないとき、私は嘘をつくようになります。離婚や単身赴任、静かな人で会話がないとか咄嗟《とっさ》にでてしまいます。全然静かな人じゃないのにね。嘘をつく度に、お父さんにも友達にも本当に申し訳なくなりました。でも、それ以上に怖いんです。どんな雰囲気になるか、同情か父親の会話がしにくくなってしまうのではないか。こんな脆い嘘いつかはばれてしまうのに自分はまだ逃げてしまいます。架空の父の話を口にすればするほど自分がよく分からなくなります。

今も何でお父さんがいなくなったんだろうって考えます。私はよく小学生の頃見ていた景色を思い出します。友達と遊んで自転車で帰っていく道、家について真っ先に「ただいま」と言いに行く一階のお父さんのいるお店。パソコンをいじりながら「おかえり」とこっちを向いてくれるお父さん。私はいつもそれが日常だった頃を思い出します。

今の私が言えることとは、今のあなたは本当に幸せ者です。大好きな人達に囲まれて、当たり前のことが出来るし、いれる。本当にうらやましい。帰る場所があることの切なさを年をとる毎に分かってきました。もし、震災がなかったら、私はどうなっていたでしょう？　あなたが今のまま成長し、地元の高校に入り、就活をしてといった道になっていたらと考えると想像がつきません。それが22歳の私の理想だったかと言えばまた少し違います。そこまでの理想は思い描けません。今はあの過ごしていた日々が私の憧れです。私はもう一度あなたになりたいです。あと、写真はたくさん撮っていてください。津波の後、私の思い出は写真にしかありませんでした。お父さんとの写真は本当に数枚です。

あなたのこれから先十年本当にたくさんのことを経験します。全てが悪いことではありません。新しい出会いがあったから救われたこともあります。私の支えの線は今たくさんあります。あの避難の時、お父さんも一緒に行こうと言えていたら、線はもう一本あったのかな。

あなたはあと十年どう生きるのでしょう。どうか自分を持ってください。家族を大切にしてください。嘘をつく人にならないでください。後悔なく、一分一秒を生きてください。

あなたが私にならないように。

作者紹介　にいの・ゆめの
福島県浪江町出身。震災時は13歳で、津波により父が行方不明になる。福島原発災害の影響によって故郷から避難し、現在も避難先で生活している。大学では、東北学院大学金菱ゼミに所属し、震災の記録プロジェクトに参加、『震災と行方不明』に論文を寄稿。震災で被災し大切な人を喪った遺族の感情に視点を置き、調査している。

女房を探した35日

荻原　哲郎

その時自分は病院にいた。携帯ですぐ電話したけど連絡が取れない。ほとんどの人が想定していない地震だった。

だから、これは仕方ないことだけど、そういうことが今から起こるとあの日の自分に言いたい。

電話は通じていた。携帯が駄目になって、一般電話からかけた。その時も未だ電話は通じていた。女房は電話に出ない。自分は南浜町に繋がるあらゆる道路を走った。だが、混雑や浸水で進むことは出来ない。それからはなにをどうしても電話で連絡が取れない。

実は、この二、三日前に縦揺れの大きい地震があって、女房に言っていたことがある。

「この地震は縦揺れの地震で少し大きいから、二、三日以内には必ず大きい地震が来る。その時は直ぐ机の下に隠れて、周りの様子を見て避難する人がいたらすぐ避難しろ。だから、皆と一緒に行動しろ」。

だが隣近所に誘われても、一緒に逃げることはしなかったようだ。女房は二階から「大丈夫だから」と言っていたらしい。

女房は悪くないけど、なんで逃げなかったんだ。あのとき、病院に女房も無理矢理にでも連れてけって、あの時の自分に言いたいね。

あたりのラジオやTVからは「2～3メートル位の津波が来る」と言っていたが、もう少し高い波が来ると思った。それでもまさか、思った以上の高さ（約12～13メートル）の津波が来るとは思っていなかった。

でも、本当にこれは仕方ない。チリ津波を経験していたけど、まさかこんなことになるなんて誰も思わなかったから。

これまでの経験の無い津波の情報を聞き、早く女房の元に戻ろうとあらゆる道を行ったが、とうとうその日のうちに家に着くことは出来なかった。ラジオに何度も投稿し、安否確認のメッセージを何度も流してもらった。テレビが津波の情報を流す度に、その前から動くことは出来なかった。

地震が起きてしばらくした後、女房から電話の着信がある。かけ直したけど、それが繋がることはもうないなんて、あの時は思いもしなかったな。

ボランティアの人達に止められたが、南浜町の家に着くことが出来たのは三日後だった。やっとたどり着いたその場所には家は無く、がれきしか無かった。道路も無く、標識も何の手がかりも無い。それでもようやく家にたどり着いた。そこで一瞬力が抜けて、どうしたらいいかそこで考えた。自衛隊の人が来て、ようやく帰った。

着るものも何もない。何度呼んでも妻は出てこない。津波当日は、津波が来た高さぎりぎりの所に行ってみたが、ただ驚くばかりで、叫ぶ人、泣く人、笑う人は誰もいなかった。流される人に手を伸ばしても枝を投げても、なす術もなく流されていくばかりだった。でも、流されていく人を見ても、どうしようもない。大いに迷った。結果として、どうにか助かってくれと願うばかりしか出来なかった。途中流されて叫ぶ人や手を伸ばす人を見て、どうにかしてやりたい気持ちは皆が一緒だったと思う。

それからは誰が亡くなった、あの人亡くなった、色んな情報が入ってくる。焦った。自分も出来るだけの人に連絡を取ろうと思ったけど電話は通じなかった。家も見に行った。でもいなかった。毎日毎日ラジオで死体が上がった情報が出る度にそこに走って、死人が自分の女房ではないことを確かめた。それを35日間続けた。でも何の情報も無い。警察へ行って捜索願を出したり、一生懸命動いたがどうにもならなかった。

3～400世帯あった家が一瞬にしてあの津波で無くなった。津波は丘の上ばかりでなく、漁師に聞くとその丘そのものも巻き込んで動いているので、建物も当然壊れ、巻き込まれると聞いた。もうほとんどの知っている人とは会えない。ただ、たまに生き残ることが出来た人と会うが、その人の家族が亡くなったかどうか聞くのが辛くて、ただ大丈夫だったと挨拶をするばかりで人のことを聞く余裕は無かった。

だんだんと捜索の結果が出てきて、亡くなった人や元気な人の情報が出てくるようになって、それでも自分は女房を探すのに車を走らせていた。少しの間は夜になれば空き地でエンジンをつけたまま車の中で寝たり、そういう生活をしていたけども、結局は車の中での生活は困難だった。そして娘の家に避難して、しばらくいたが、孫の友達も一緒にいたので窮屈だった。それから避難所に入居して、仮設住宅が出来るまで避難生活を過ごした。それから仮設住宅が出来て、移転も始まったが、周りは知らない人ばかり。どうにもならなくて自分から皆に会って話をしながら、仮設住宅の会長を引き受けた。その後もボランティアや警察、消防、自衛隊などに色んな様子を聞きながら探し続けたが有力な情報は無く、眠れない夜も続いた。

このときは無我夢中だったけど、会長職を引き受けて忙しくなって、女房のこと考える時間を作らない風にして自分を守ってたところもあったな。会長職は大変なこともいっぱいあったけど、良かったこともたくさんあんだぞ。

もうどうしても女房が亡くなったことだけは思いたくなかった。必ずどこかにいるという想いだけは離れなかった。意識を失って病院に運ばれた人も、赤十字病院を通して運ばれたから遠くに行った人もいる。そう聞けば赤十字病院にも通った。しかしそこで話を聞いても名簿に載っていないと聞けばがっかりする。記憶喪失だと聞いていけば、家族だったという情報を聞けば、自分の女房もそうじゃないかと思い、そのたびに打ちのめされた。その後もボランティアさんに協力をして貰い毎日探したが、一日一日と過ぎるたび、女房と会える可能性が薄れていくのを感じていた。しかし、そういう活動をしていれば何か手がかりが見つかるんじゃないかと思って一生懸命頑張っていた。しかし良い情報は何も無い。その間に友人が怪我をしたり、亡くなったりといった情報ばかりが入ってきた。でも、自分の女房は生きているという信念だけはなくさないようにしていた。そうじゃなければどうしようもなかった。

津波から一年が過ぎても探し続けていた。しかし一年でようやく、葬儀ではなく「お別れ会」という形でまた会おうと誓った。警察からは「行方不明」という形で許可が下りた。それは死んだということにしたくないからだ。警察でも死体を見ない限りは「死亡」とは判定できないが「行方不明者」という書類を持って行けば市役所では死亡手続きが出来るとは聞かされた。

それから五年後、復興住宅の完成が進み、復興住宅に移るようになった。そこでも会長を務めながら、やはり気になるのは女房のこと。多数のボランティアが来たが、その活動に協力しながら自分も女房の情報を探すことに協力して貰った。今はもう体も弱くなり、なんとか自分で生活をすることで必死だ。

そして約十年後。今も女房を探しているけど、99％諦めてるけど、やっぱり諦めきれない想いは捨てられない。

津波の勢いで掘られた穴には泥が入ってしまう。そういう所もたくさんあった。しかし、そういう場所は捜索してくれと言っても、市では全然捜索しない。地盤沈下もたくさんあった。その地盤沈下を捜索しないうちに嵩上げが始まってしまい、嵩上げ後に捜索が行われたが、後から何かが見つかるわけがない。やはり嵩上げをする前に捜索するべきだったと思う。同じ被害にあった人たちはこれを聞いてどう思うだろう。

この時は本当に悔しかったな。今でも、きっと何かが埋まってるって思ってしまう。


ただ今の状況では捜索中としているから、それに期待をかけることしか出来なくなってる。なんとかそれをやってもらえば、もう諦めて葬式をすることも出来るが、それがなければ自分はずっと女房を探しながら、自分も死んでいくのだろうと思う。

あの時は知ることはなかったけど、女房は子供の将来のためにお金を貯めてたんだ。多分25歳くらいからかな、自分は働くので精一杯で全然知らなかった。本当に苦労をかけたなと思う。家を建てて、家族みんなで過ごせる、そんな人生を一緒に歩みたかったたな。

世話になったみんなには心配や苦労もかけたし、学生さん達にも励ましてもらった。これまでやってこれたのは皆のおかげだと思う。ただもう前向きに生きてはいけない。こんな状態でも生きていかなきゃならないし、やらなきゃいけないこともたくさんあるから、なんとか残りの人生を生きていたいと思う。

本当は、何度も一緒に海の底にしずむことが出来ればと思ってた。でも、いま自分を生かしているのは、女房が家族のために動いてくれたことで、それを裏切らない気持ちなんだ。

作者紹介　おぎわら・てつろう

1938年生まれ、82歳。宮城県石巻市在住。震災時は石巻日赤病院にいた。南浜町にあった実家は津波で流され、妻は未だ行方不明である。そのため、妻の死を認めることができず、毎年3月11日に実家の跡に行き、大声で妻を呼ぶのだという。今もどこかで妻は生きているかもしれないという、一縷の希望が含まれている。また、2012年4月から2018年4月までの6年間、仮設住宅団地の会長職を務め、団地のコミュニティ形成に取り組んだ。2018年10月に引っ越した先の復興住宅団地の会長職も1年間務めたため、合計7年間会長職を務めた（松永祐太朗「死を追認しない供養のあり方」『震災と行方不明』参照）。

Ⅱ　家族として

今すぐ石巻へ車を走らせて!!!

髙橋　匡美

こんな手紙が突然届いて、
おそらくあなたは誰かの悪い悪戯かと、びっくりしている事でしょう。
でも私は間違いなく、未来のあなたなのです。
ほら、大好きな映画のバックトゥーザフューチャーを思いだしてみて。
未来から手紙が来ていたでしょう?
できるならば私がそちらにすぐにでも行きたい。
そんなタイムマシーンができたらすぐにでも行く。

でも、今これを書いている時点では、
まだそんなものはできていないので、
一縷の望みを手紙に託します。

お願いだからこの手紙の通りにしてみて。
そして、何も起きなかったら、
笑い話にしてもかまわないから。

◯あの時の1時間前の私へ
石巻へとにかく車を走らせて!!!

どこにも寄らずに石巻市南浜町の両親がいる実家を目指して!!!
間も無く大きな地震が起きるから、
お父さんはきっと「まずは落ち着け！」とすぐに逃げようと急き立てるあなたを止めて、
身の回りの整理や、持っていくものをまとめ始めるに違いない。

でも、それをやめさせて、どんなに叱られてもいいからお母さんと一緒に引っ張って
抱えて無理矢理でも車に乗せて。
途中周りの歩いている人達も乗せられるだけ乗せて、ドアが閉まらなくてもいいからみんなでおさえてとにかく日和山へ。
窓は開けたままにして「逃げろー逃げろー」と大きな声で叫びながら。

道が混んで前に進めないなら、勇気を出してUターンして旧北上川にかかる日和大橋のてっぺんへ。
橋が壊れるんじゃないかというほど揺れるけれど、
雪も降ってくるけど、津波が、人を車を街をみんなみんな飲み込む様子も見えてしまうんだろうけれど、
とにかく車に乗っていれば大丈夫。そこから絶対に動かないで！

○あの時の30分前の私へ
実家に電話して、

「おととい地震があったけれど大丈夫？
大きな揺れがあったら、向かいのお家のエミコさんが車運転できるから、
一緒に乗せてもらって市立病院に逃げてね。
エミコさんがいなかったらとにかく二人で市立病院に逃げて。
すぐに逃げればお父さんの足でもなんとかなるよ。
そして何か忘れ物に気づいても絶対にお家に戻らないで！　絶対だよ‼」

そう伝えて‼

◯あの時の1分前の私へ
お母さんに電話して、
「ありがとう」
の一言をせめて伝えて。

○あの日以前の私へ

あなたが悩んでることや、苦しんでいること、
お金のことや、職場やママ友の人間関係のことから、
離婚から再婚に至るまでの苦しみ悩み自責の念、息子への罪悪感。
そんな息子を一人前にしたいと、
たくさんの世界を息子に見せてあげるにはどうしたらいいのか
もっといろんな経験をさせるには何をどうすればいいのかと必死だったこと、
鬱になり、
朝がとっても苦痛で、通勤途中に持っているバッグを投げ出し靴まで放り出してしゃがみこんでしまいたいほどのけだるさと戦っていたね。
平穏には違いないけれど、いつまでこれが続いていくのかと息苦しく不安になってたよね。

すべて自分がひとつひとつ選択して進んできた道なのに、
いつも誰かのせいにして生きていた。

息子のことだけはなんとかしてあげたいと無我夢中だったけれど、
あとはゆらゆらズルズル流されて生きてきたようなそんな恥ずかしいあなたでしたね。

自己肯定感がとても低く、
「どうせ私なんて」が口癖だったね。

綺麗じゃないから、痩せてないから、
だから世の中うまく渡っていけないんだと本気で思い込んでいた。
綺麗になってからでないと、痩せてからでないと、
全ては始まらないと思っていたね。

でも、今の私、あなたよりとっても太っているし、
白髪もシワもしみも増えたけれど、
あの時の私よりも「まあ、いいかな」って自分を許せるようになっているかも。

心の中がわしゃわしゃしていて、
いつも不安でいつもいつも淋しくて、
自分がどうしたいかよりも、
誰かにどう見られるかどう思われているのかの方が気になりがちなのは変わらないけどね。

でも、自分がやりたいことの方を優先させられるようにはなったかな。

あの頃は会社の近くの小さな心療内科のクリニックに通院していたね。
今は、大学病院の精神科に月に一度通院し、先日、障害者手帳を取得しました。

自分を客観的に見ることは少しできるようになったみたい。
だって、通院日に自分の一ヶ月の様子をドクターにお話できるようになったから。

だから、あなたがそんなに苦しいのは、
自分の性格が悪いとか能力が低いとかじゃなく、

あなたが抱える障害の症状や特徴だったの。

そのことがもっと早くわかっていれば、自分がどうすべきか、
家族や親しい人にどう対処してもらえば良いか、
一緒に考えられたかもしれないね。

そんな「もう無理！」とか、「もうだめだ！」と思っていること全てが、
みんなちっぽけなことだと感じることが起きるんだよ。

それからあの時はこう思っていたね。

「大切な人が増えるたび、その分だけ別れが怖くなる」

その大切な存在が消える恐怖の順番がはじめに訪れるのは、
猫のソルトとミントだと思っていたね。

仕事が終わると急いで帰宅し、
ソルトの頭をなで、ミントをぎゅ～っと抱きしめていたよね。

でも、現在もふたりともとても元気だよ。
歳をとって、眠る時間はだいぶ多くなったけれど。

◯あの時以降の私へ
あの大きな揺れの後、家の中がめちゃくちゃになってそれでもなお揺れが続く中で、
ソルトはすぐに見つけてケージにいれたけれど、
ミントが見つからなくて、
何かの下敷きになって死んじゃったのかなと思って怖かった。
3時間後に息子のベッドの下に尻尾を股の間に挟んで丸くなっているのを見つけた時に、
抱き上げて、私はこんなことを言ってしまったの。

「ああ。生きててよかった。お前がいればもう何にもいらない」

って。
まさか石巻であんなことが起きてるなんて思わなかったからなんだけれど、
あの時、あんなことを呟いてしまった大きな大きな罪を、
私は今もずっと背負い続けているんだよ。

人はいずれ皆死ぬとわかってはいたけれど、
あんな形で奪われたたくさんの命。
それがなぜよりによって私のお父さんとお母さんなのか。
生き残っている人も、何も失っていない人もいるのに。
そんな理不尽さを受け止めることがあの時のあなたによくできたね。
いや、受け止めてなんかいないか。
受け止めたくなくても受け止めざるを得なかった。
逃げたくても逃げ場などどこにもなかったものね。

あのあとたくさんの人に出会うことになるよ。

バカな人は、

「あのおかげで出会えたものね」

という。

そんな人に言ってやりたい。
あなたなど出会えなくても別によかったから、
全ての出会いをゼロにしても構わないから、
両親と実家と故郷を全て返して欲しい。

あの痛みを共有した人やよく考えてくれる人は、

「あれがあったから出会えたのは確かなこと」

そんな表現をする。

決して間違っても「おかげ」なんて言わない。

でも、どちらの人も同じ気持ちなのかもしれないね、
悪気はない、心を寄せてくれようとする思いに変わりはないのかもしれない。
だから、言葉って難しいね。

今まであなたが生きてきて出会った人たちよりも、
あの後にここ十年余りで出会った人の方が多いかもしれない。

あなたはそれまで誰かに「助けて」とお願いするとか、
「こうしたいんだけれど」と何かを宣言するとか、
「私はこんな人間でこんなことができますよ」ってＰＲ
するとかできなかったでしょう？
断られたり否定されるのが単にかっこ悪くて嫌だから。
でもね、そんなこと言ってられなくなるの。

そうして、言葉にしたことは、
必ず実現できるということを知ることになる。

震災のショックで呼吸するのさえもどかしく、
明日の朝、目が覚めないようにと祈りながら睡眠薬に頼って眠る、
目が覚めるとがっかりする、
そんな日を繰り返すことになるの。

たくさんの人との出会いは、
人生を大きく変えるものになったり、
一生付き合っていくことになるだろうと思えるほど大切な人もいるけれど、
その反面、
とても残念な出会いもあるよ。
また、仲良くなれたからこそ苦しむこともたくさん出てくるよ。

傷ついて可哀想だからと近づいてきた人たちは、
私が元気にお気楽に生きているように見えた途端、
離れていったっけ。

「そっとしておく」という思いやりが、
私にとっては「ほったらかし」にされているのと同じに感じ、
私が失ったのは、故郷と両親で、
今自分が住んでいる家と家族はかろうじて無事だったので、
あんなに苦しんでいたのに、
「被災者」として括られない中途半端な存在の私は、
孤独と怒りとの感情しか持てない苦しい苦しい時間を生きなければいけなかった。
弱虫で、ビビリで、ちっぽけな心のひねくれた私が、
よくあんな日々を過ごせたものだなと思うよ。

ある避難所で、見知らぬおばさんが一緒にお茶を飲んでる時にこう言ったの。
「死んでしまった人の方が幸せだ。生きていくことは辛いことだらけだ」って。
そうかもね。
実際あなたはあの後、「死にたい、死にたい」しか言わなくなるの。
いま思い返しても、その方がどんなに楽かと思う。
「死んだらお母さんに会えるかもしれない」本気でそう考えていたなぁ。

でも、私、今現在も、残念ながら生きてます（笑）。

なんとか一人前にしたいと思っていた息子も、
ちゃんと社会人になりました。
初めてのボーナスで腕時計を買ってくれたよ。

「絶望」という言葉の意味を嫌という程味わった。
未来とか将来とかバカバカしくて、

スケジュール帳の一ヶ月先に予定を書くことが怖かった。
どうせ死ぬのに、なぜ生きるの？
それを繰り返しいろんな人に尋ねた。
誰も納得のいく答えは出してくれないよ。
当たり前だよね、誰も死んだことないんだもん。

でもね、いろんな人との出会いの中で、
先日ふと気づいたことがあるの。

息子の働くオフィスが入っている東京の真ん中の高層ビルの屋上から空を見上げた時に、
こんなに高い場所まで上がっても、お空はやっぱりとっても遠いのだけれど、

その見上げた視線を下ろしていくと、
自分が立っているこの場所と、空は、遠く遠くでつながって見えるの。
空に自分で登ることはできないけれど、

今いる場所から一歩一歩、歩いていけば、
そこに必ず近づいていく。

お父さんもお母さんもお空の上にいるのだとしたら、
一歩、歩けばその分だけ、時間も距離も着実にそこに近づいていけるんだね。

だから、焦りなさんな。
柔らかい心を錆びたナイフでえぐられ続けるような苦しみも、
身体が何度も突然震えだしてしまうほどの孤独も、
素手の爪を立ててコンクリートを引っ掻き回すようなやり場のない怒りと痛みも、
みんな背負いながら、
一歩一歩、ずるずると這いつくばってでも、
とにかく進んでいくことしかできないのだから。

○十年後の私へ
あなたは今、どこにいますか?

●十年後のあなた(私)からの手紙への返信
今日、手紙を受け取りました。
マンションのポストに確かに入っていたのに、
なんだか、少し古めかしいような　よれたような　そんな封筒の中から出てきた便箋には、
私が書いたような文字。

こんな事信じて良いのだろうか?
本当にこんな事あるのだろうか?

でも、消印は確かに後からになっている……。

バックトゥーザフューチャー、

確かにそうね。

午後に届いた手紙をテーブルに置いたまま、
家族が帰ってくるまで座ったままで考えこんでいた。
息子が帰ってきて暗い部屋でぼんやりしている私にびっくりしていた。

この手紙のことは、誰にも言わないほうがいいね。

そして、言われた通りに動いてみるね。

これが誰かのイタズラなら、それにのってみるよ。
本当の事なら、全てが終わってもやっぱりこの手紙のことは誰にも言わないね。

とりあえずお母さんに電話して、

大切なものをまとめておくように言っておく。
いや、明日の朝一番で石巻に向かおう。
仕事はお休みするよ。
やっぱり……　お母さんにだけは話してみよう。
この手紙を見せてみよう。
きっと信じてくれる。
でも、誰かに話したら、この不思議な手紙の魔法は崩れてしまうのだろうか？
息子には、
「何かあったらとにかく学校にいなさい。私は大丈夫だから、
絶対大丈夫だから。生きてさえいればちゃんと会えるから」。

と伝えよう。

この手紙への返事は、どこ宛に出したらあなたに届くのだろう？
郵便局の日付指定ってどれくらいの未来までできるのかな？

とにかく、とりあえず、ありがとう。

精一杯、動いてみるね。

未来の匡美へ

2011年3月の匡美より

作者紹介　たかはし・きょうみ
1965年生まれ、55歳。宮城県塩竈市在住。震災時は自宅にいた。故郷である石巻市南浜町の街並みと実家を津波で失い、そこに住んでいた両親を亡くす。震災三日後石巻にたどり着き、家の中で亡くなった母の第一発見者となる。父は3月26日遺体安置所の身元不明写真の一覧の中から発見し確認する。「両親をなくした私は被災者ではないのか」という疎外感と孤独感に打ちのめされる（金菱清「共感の反作用」『呼び覚まされる霊性の震災学』に詳述）。２０１５年より震災の体験と命の大切さについて、「命のかたりべ」として伝え続けている。（金菱清「最後に握りしめた一枚を破るとき」『３・11霊性に抱かれて』に詳述）。両親に宛てた「届かぬ手紙」を『悲愛』に寄稿し、また２０１８年から英語でのかたりべにもチャレンジしている。

3・11にとらわれなくていい

千葉　颯丸

震災前の自分に、その後起きる大震災の警鐘を鳴らしてたとしても、何かが変わるわけではないと思うから、震災直後の4月あたりの17歳の自分に短いけどメッセージ。

今はどんな気持ちだろう？　悲しみ、寂しさ、虚無感、絶望、たしかそんな気持ちではなかったような気がする。泥まみれのばあばを見ても、火葬したあと骨だけになったじいじを見て涙を流したけれど、俺にとってはその瞬間の出来事でしかなくて震災などなかったかのような日々の中、東京に出たいとばかり考えていた。いずれ社会に貢献したいという気持ちもあったが、外に広がっている世界を見てみたいという期待で胸がいっぱいだったことと、頑張ろう日本というどこか煽り立てられる感覚、そして、周りにあふれるネガティブな空気から逃走したいって方が勝っていた。一方で、精神的に不安定な母をおいていっていいのか、東北に残るべきなのか、という迷いもあったはず。

でも、その純粋に感じていた気持ちに正直に東京に行っていい。それでいい。上京を決めた時点から、いやもっと前の時点から、もう誰にも所有されない一人の人間として、自分の決断を信じていい。例えば、東北のためにがんばろうとか、親を大事にすべきとか言われたとして、それは社会で広く受け入れられている価値観なだけであって、絶対的なものじゃない。3・11にとらわれる必要ないし、人生の中の一時点でしかないのだから、自由であっていい。誰のためでもなく自分の人生なのだから。例えば、これから人生の選択に悩んだり、どうしようもない出来事に打ちひしがれたりしたときに、アドバイスをしてくれる身近な人がいないことにものすごい寂しさを感じることもあるし、周りの友人が憎たらしいと思うこともあるだろう。すべてを親のせいにしたり、3・11のせいにしたりもすると思う。でも、そんなのかっこ悪い。自分の人生は自分のもので他の誰のものでもない。いつかは誰かの人生に重ねていきたいと思う日が来るかもしれないが、それまでは他の誰にもとらわれなくていい。3・11にとらわれなくていい。

4月1日、じいじ と ばあば を火葬した日にラジオから聞こえてきたアンドレ ギャニオンの「めぐりあい」。皆が寝静まって、それは文字通り街から音も一切聞こえてこない夜、一人部屋にいた時にたまたま耳に流れ着いたお気に入りのピアノ曲を聞いて涙が止まらなかった。出会いもあれば別れもある、といった春という季節に陰湿にまとわりつくその諄《くど》いフレーズだが、それを体現したかのような旋律と題名通りの情景を醸し出す雰囲気とが、風呂の栓を引き抜いて流れていく水のように自然とその時の俺と重なったんだと思う。あとにもさきにも、3・11のことで思いっきり悲しみに浸ったのはあの数分間だけだ。今でもその瞬間のことは鮮明に記憶に残っている。

さて、もう一つ伝えたいのは、この4月1日の数分間のことは覚えていてほしいということ。おそらく、心を大きく揺さぶられたあの経験は、これからの人生に何かを示してくれると思うから。まだその答えはわからないけど、颯丸らしさを担う一つになっていると思うから。

何より、健康には気をつけて、そして、自分に自由であれ。

作者紹介　ちば・かぜまる
1993年生まれ、27歳会社員。前編の髙橋匡美さんの息子。宮城県塩竈市で生まれ育ち、震災時は高校生だったが、震災の津波により石巻市南浜町に住んでいた祖父母を喪う。震災一年後大学入学を機に上京。震災後すぐに宮城県を離れたことにより、自分に何かできたのかという問いと自分の世界を広げたいという希望との間で葛藤する。祖父母に宛てた手紙「じいじ・ばあばへ」を『悲愛』に寄稿。

子どもたちとともに

牧野　輝義

あの日から、まもなく十年を迎えようとしています。

大災害のまっただ中で、寒さと非力さに震えた夜は今でも記憶と体に染み付いていま す。

暗闇の中で家族や知人、同僚の安否を凍えながら切望し続けた夜が明け、目の前に広がった惨状は、記憶の奥底に封じ込め、ただ明るい希望と幸せを追い求めては立ち止まる。

しかし、決して失望感に押しつぶされた十年ではなく、子どもの成長をはじめとした家族とともに歩んできたことは、幸せの一言であることは間違いありません。

現在、２０２０年、本来であれば東京オリンピックが開催され、震災需要が落ち着き、新たな社会変化が期待される状況だったはずですが、新型コロナウイルス感染症の影響で、社会全体が落ち込んでいるように感じています。また、仕事柄、その影響を受け対応、対策に追われる毎日です。

２０１１・３・11　家族、家、財産、時間。多くのものを一度に失いました。

悲壮感に押しつぶされそうになりながらも、子どもらの顔を見た瞬間に「この子達の幸せのために生きていこう。この子達が楽しく笑顔で暮らせるようにしよう」と自分に課したあの日のことは、今でも忘れません。その思いを澱《よど》ませなかったからこそ、一番身近な存在である「妻」の死さえ乗り越えられたのだと思っています。おじいさん、おばあさんの手を借りながら、子育てに奮闘してきました。確かに妻の死が子育てには大きなマイナスにも感じさせられ、妻の偉大さを改めて痛感しました。

そんな子どもたちも、大人になりつつあり、自分の人生を歩み始めています。寂しくもあり、嬉しくもあります。周りの人に助けられながら自分が夢中になって育てた結果は決して間違いではなかったのだと、自分をほめてあげたい気持ちもあります。子離れすることは、だいぶ寂しい感じが大きく、これを乗り越える方が大変だと感じている自分がいます。

とはいえ、家族とともに歩み、家族に助けられた十年であることは間違いありません。

十年前の私へ、妻を亡くした悲しみと、子育ての大変さは、十年間変わることはありませんが、あの日誓った、「この子達の幸せのために生きていこう。この子達が楽しく笑顔で暮らせるようにしよう」という決意のもとに人一倍悩んでください。ですが迷わず信じた道を歩んでいった先に、「今、とても幸せです」と胸を張って言う自分があります。

災害で感じた悲壮感、心苦しい記憶はなくなることはありませんが、それ以上の楽しさと充実感は必ずあなたを幸せにしてくれます。人間だから、迷うこともありますが、あなたの選んだことは決して間違っていません。信じた道を突き進んでください。

今、そしてこれからの私も、私の信じた道を同じように歩み続けますので。

作者紹介　まきの・てるよし

1968年生まれ、52歳。後編の牧野大輔の父。震災時、公務員として石巻市北上総合支所で勤務。災害対応、災害情報の収集をしていた時に津波が二階建ての庁舎を飲み込み、外に放り出される。自力で泳いで近隣の山に避難。足首にけがを負う。山上の民家から毛布を投げてもらい一晩を過ごす。二週間後にようやく子どもたちと再会。その時、現実を受け止めるとともに、家族とともに楽しく生きようと決心をする。現在は地元である雄勝町の総合支所に勤務し、復興と観光の仕事に従事する。

あの時、覚悟を決めた君へ

牧野　大輔

「自分らしく、マイペースに歩めば大丈夫です」。

それで終わらせようと思いましたが、さすがに怒られると思うのでちゃんと書きます。十年前の自分に手紙を書いてみてといわれて最初は簡単かなと思いましたが、いざＰＣを前にすると全然書けないもんで。それほどにこの十年間いろんなことがありすぎるくらいだったのだと実感します。

野球とゲームがあれば幸せだった11歳の自分はこれからのこと、自分がどうやってこの先の人生を生きて行こうかなんて考えていない。というより、まだ小６だし、考える必要もないのかなと。そういった意味ではあの日の出来事は自分に甘くて、遠慮しがちな11歳の自分にとって「無理やり」これからの自分について考えさせられるきっかけだったと思います。

3月13日、おじいさんの「ママな、だめだったんだあ……」の一言が、ただ、おかあがいなくなってしまったという現実だけでなく、その時はまだおとうですら生きているかどうかわからなかったから、この牧野家を支えていかなければならないのは長男である俺なのかもしれないと、使命感というか、責任感というか。様々な感情の中でそんなものが一気に自分の中を駆け巡ったような瞬間でした。おじいさんおばあさんは元気だけど年齢的にも油断はできないし、お姉はがんばりすぎる質だから。そして何より、駿史はまだ小3でこんな体験をして、表情には出さなかったけどどれだけのショックやストレスを感じていたことか。だからこそ三人きょうだいの真ん中として、そして長男としてせめても精神的支柱にならなければならない。そう決心したのを覚えています。

だからおかあの姿を見たとき涙出なかったんだろうなって。そこに姿があるわけだし、喪っていることだって受け止めているはずなのに、隣でお姉と駿史は泣いてたけどなぜか俺は涙流せなかった。やっぱり潜在的に使命感や責任感とかいうものを感じたんだろうなって今になって思います。これから自分が家族きょうだいを支えていくことになるかもしれないから、おかあにはしっかりした姿を見せなくちゃいけない。ここで泣いてたら安心してあっちの世界に行けない。まだ子供ながらにそう感じていたのかもしれません。

でも責任感とかそういうのを一人で抱え込んだりはしないようにしてほしいのだけ、お願いです。いろんなことが一気にあってそれに伴ってのしかかるものも大きくて、ストレスとかそういうものを感じざるを得ないかもしれない。だれかにきつく当たってしまうかもしれない。そういう時、いったん落ち着いて周りを見てください。おじいさん、おばあさん、おとう、お姉、駿史。そしておかあ。どんな小さいことでも相談できる大事な家族がいます。大輔は人に恵まれてるなんておとうに言われるけど、そこだけはこの十年を考えてもつくづく実感するし、本当に友人、家族には恵まれていると思います。だからこそ人のつながりを大事に、どんな時でも近くには頼れる人がいるし、いつでもおかあは近くで見守っています。

あの日あったすべてのことに後悔はありません。いろんなものを失った。悲しさは勿論あるけど、後悔はしていません。だってあの日がなかったらいつまでも自分は現状に甘える人間のままだったかもしれない。考えてみれば自分にとって3・11は、単純な言葉かもしれないけど自分を「成長」させてくれたものなのかなと。

今、この手紙を書く21歳の自分は大学だゼミだ就活だーって日々文句たれながら、なんだかんだで楽しくやってます。ちょっと大人っぽく見た目はなりましたが、あんまり中身は変わってないかな。まあでも元気にやっているのでそこは安心してください。

あまりうまく書けなくて申し訳ないです。もっと書くべきものがあるかもしれないけど、やっぱり難しいもんで、短いけどこれくらいにしておきます。でも伝えたいことは端的に二つ。「家族と仲良く」、「マイペースに」。これからいろんな人に出会うでしょう。いろんな思いを抱くでしょう。その中でこの二つだけは忘れないでください。何とかなります……（笑）。

では、十年後にまたこの手紙を書くとき存分に悩みながら書いてくださいね。

作者紹介　まきの・だいすけ

1999年生まれ、21歳。震災前は石巻市雄勝町船越に暮らす。震災時は小学6年生で、授業中に被災。祖父母、姉、弟と隣の地区の集会所に避難。数日後に祖父から母の死を告げられる。雄勝町内の海に面した病院で勤務していた母は、患者の避難をしていたところを津波が襲った。父も津波に流されるも、一命をとりとめる。故郷であった雄勝地区全体が壊滅状態になり、生活のすべてが一変する。中学、高校は部活や趣味に没頭していたが、大学では東北学院大学金菱ゼミに所属し、震災の記録プロジェクトに参加、『震災と行方不明』に論文を寄稿。遺族へのインタビューや調査を通して、改めていち遺族として震災に向き合っている。

頑張り屋の私へ

牧野　陽紗

「急がないで、今を見てください」

今の私から、震災後生きていこうとする私に伝えたいことです。震災当時、中学1年生の私が今の私を見たらきっとがっかりすると思います。23歳にもなればバリバリ働いて、結婚も考えたりして……。少し前まで今の私もそう思っていました。〝生きていれば色々ある〟とかよく耳にしますが、本当にそうです。今から書く震災だってそうです。いずれ来ると分かってはいる別れがまさかこんなに早いとは、私も家族も母を知る全員が予想していなかったはずです。

2011年3月11日の朝、先輩達の卒業式に出るためいつもより念入りに髪にアイロンをあてていましたね。「んで先に行くね～」母の言葉に背中を向けたまま「うん～」と返事をした記憶、今の私は消したくても消せません。

その後、震災が起きます。日常が変わります。母の姿が見られなくなります。想像・理想をはるかに超えた経験が待っています。

母が亡くなったと知らされたのは震災から二日後。その知らせを聞くまではなんの心配もしていませんでしたね。〝あと数日すれば家に帰れるだろうし、おとうもおかあも仕事大変なんだな～。避難所の大人たちはなんでこんな深刻そうなんだろ〟。そう思っていたのを覚えています。母が亡くなったことを聞いた時から私の記憶は曖昧です。津波にのまれながらも生きていてくれた父と再会したのが何日後か、支援をしてくれた人達との思い出……。全部がグレーでモヤモヤした画で再生されます。祖母がしっかり者だったので記憶もはっきりしているし、日記もつけていたので、何度か受けた取材には困りませんでした。私はそんなものだとあまり深く考えずに十年を過ごしていきます。

中学、高校、専門学校を卒業し、国家資格も取得して社会人になります。震災を経験して母を亡くしたとは思えないほど普通で、不自由なく暮らしていきます。

そして今、23歳になる年、私は病気になります。驚き、ショックを受けるかもしれませんが大丈夫です。少し気持ちが疲れてしまうだけで、すぐ治ります。でも辛いのは震災で十分ですよね。原因は考えすぎだと思います。13歳の私にも思い当たる節があるんじゃないでしょうか。他人の目を気にし、失敗は恥ずかしい！の一心で自分を疲れさせていませんか？　安全な道を一目散に選んで視野がとても狭くなっていませんか？

がむしゃらに目の前だけを見ていた中学時代、選んで受験した高校、専門学校で資格を取ること、ここだと思って選んだ就職先、何も間違っていません。普通であれば一生かけてでもできないような経験を中学生で経験し、素敵な友達に巡り合えて24時間じゃ足りないほど毎日が楽しい高校生活を送ることができます。専門学校では胸を張ってちゃんと勉強したと言えるほど机に向かいました。職場の人もみんな可愛がってくれ、沢山のことを教えてもらいました。これだけ聞けば幸せ過ぎるほど幸せだと思います。選んだ道を後悔している訳でもありません。

ただ、もっと出来るはずです。13歳～22歳の私にしか出来ないことが。記憶が曖昧なのは急ぎすぎて立ち止まらずにいるからだと思います。毎日を生きるのに必死な時に立ち止まれなんて通じないかもしれません。なぜこんなことを思うのかというと、23歳の私が立ち止まって考えることをしたら見え方、感じ方が変わったからです。震災の時に顔も名前も知らない誰かを助けるという事の凄さ、地域の人が家族のように気にかけてくれていること、気張りすぎだよと笑い話にしてくれる友達がどれだけ大事か、どんなに情けない姿を見ても愛想つかさず傍にいてくれる家族がいる安心感……。全部気づいているようで全然気づけていないですよ。23歳になって気づきます。〝いつ、誰になにをしてもらってどんな感情が生まれたか〟。それを一つ一つ噛みしめ、自分の栄養に知識にしてほしいです。たった一度会っただけでも、それが大事な縁です。今、恩返しをしたいお礼をしたいと思っても具体的に行動にうつせずにいます。でも少しずつでも、時間がかかっても、必ず返していこうと思っています。病気に感謝とまでは言いませんが、止まらずにきた私にストップをかけてくれたのは病気です。でも病気にならなくてもこの考えには辿りつけるはずです。急がずに立ち止まりながら生きていけば。

ちょっと暗い内容で未来に不安を持たせてしまったかもしれません。ちょっとかっこ悪い23歳かもしれないけど、胸張って言えることがあります。『楽しいことのほうが圧倒的に多い！』という事。好きなアーティストに出会って熱中したり、色んなところに旅行に行ったり、美味しいものを沢山見つけたり……。言いだしたらきりがないくらい楽しい幸せなことが待っています。あともう一つ、『私は愛されています』。これだけはどんな選択をして、どんな状況になったとしても変わりません。これに気づけたのも立ち止まったからです。支援の手を差しのべてくれた人、地域の人、友達、家族、その他沢山の人たちが私を愛してくれたように、私も沢山の愛情で返してください。

これで少しは安心させられたでしょうか？　また十年後、今の私に手紙を書くとなった時、今以上に安心する言葉をかけてくれることを願います。

この手紙を書く数週間前に聞いた言葉があります。『この子たちには幸せになる権利がある』。これから想像を超える経験をしていくことになります。その経験の場を作ってくれた人の言葉です。私はその言葉を聞いた時、涙が出ました。震災を経験してもしなくても言える言葉ですが、震災をハンデと捉えず誰よりも幸せになれとストレートに言ってくれているように感じました。13歳の私にも、23歳の私にも幸せになる権利はあります。だから震災からの十年も、これから先の人生も全力で幸せでいましょう。

読んでくれてありがとう。十年先で待ってます。

作者紹介　まきの・ひさ

1997年生まれ、23歳。前編の牧野大輔の姉。震災時は中学1年生、自宅で被災。中学、高校、専門学校と順風満帆に人生を歩んでいると感じていたものの、社会人になって「壁」にぶつかる。現在は地元である雄勝町で働き、震災から十年というタイミングで「生きること」や「人とのつながり」といった単純なことの大切さに気付かされる。喪った母に対してこれが私だと胸を張って言えるように、これからも震災のこと、自分のことを考え続けながら進んでいこうと考えている。

おかあの写真を忘れずに

牧野　駿史

十年前のわたしはまだ8歳の小学三年生で、今のわたしが覚えていないことも多くあります。ですが、今十年前を思い返してみると急に起こった巨大な地震に、はじめは津波などのイメージがなかったため、恐怖や不安よりも一度校庭に避難するのがどこか新鮮でふわふわしていました。しかし、その後高台へ避難する途中で家などを飲み込む津波を見て恐怖を感じました。それによってそれまで住んでいた家も流され、避難所での生活をしているときに、毎日当たり前のようにいてくれた母をなくしたことを知らされたことは、かなりのショックだったと思います。それでも十年後の今まで、明るく生きてきたことは自分でもすごいことだと思います。

そんな悲しいことを乗り越えてきましたが、これまでの十年間の人生は楽しく明るいものだったと思います。正直、当時の大人の人たちは大変だったと思いますが、避難所での生活は学校もなく、毎日が休みのようで楽しかったです。学校生活も間借りした校舎での生活や学習、久しぶりに会った友人と過ごした日々など楽しいことが多くありました。6年生ではもともとの小学校が閉校してしまうという少し寂しい出来事がありましたが、統合した学校の人たちとの新たな出会いなどもありました。

そして中学生になりました。その中学校では年上で中学生の姉や兄、先輩は総合学習の太鼓の活動で、日本だけでなく海外での活動を行っていて、わたしは羨ましく思っていました。そこでわたしもいよいよ中学生になり、そういった経験ができるかと思っていましたが、わたしたちの代ではあまりほかの地域へ行く活動がなく、とても悔しかったことをよく覚えています。でもその分、練習に打ち込める時間がありました。その太鼓での学習はほかの中学校にはないもので、本当に楽しく有意義な時間でしたね。普通の中学生は部活動を頑張っていると思いますが、わたしにとってそれは太鼓でした。

そして高校へ進学し、これまでの友人が一人もいない中、楽しい思い出を作ることができたのは、なかなかすごいことだと思いますよ。今のわたしは大学で友人ができるか不安ですが。部活では弓道をしていましたが、新しく打ち込めるものでギターを始めてみたり、ちょいちょい部活をサボって、ラーメンを食べに行ったりしていましたが、それはそれでいい思い出でした。今思えば、中学でも高校でも運良く県大会に出場できてはいましたが、もっと部活に打ち込んでいればもっといい結果を出せたと思っています。

学校生活での十年間はこんな感じでとても楽しかったですよ。そしてさらにこの十年間を楽しくさせてくれたのは、毎年行っている家族での旅行です。毎年新たな発見や経験ができて本当に楽しいです。これがなかったらわたしはもしかしたらゲームやネットばかりして引きこもりになっていたかもしれませんね。そして結構最近知ったことなのですが、最近行っている場所は違いますが、父が日程をすべて決めていた頃は、昔、父と母が訪れていた場所だったみたいです。今でも旅行では母の写真を持って行きますが、忘れることもありました。忘れずに持って行ってください。それと食べず嫌いのものを早めに食べておけば、旅行先での食事はもっと楽しめますよ。

そしてここからは、今後の人生でのアドバイスなどをしていきたいと思います。まずは後悔したことからです。先にも言いましたが、中学生時代の太鼓、高校生時代のギターなどのように何か打ち込めるものがあるのはとてもいいことだと思います。しかしもっと部活動を頑張れたと思います。部員との交流や活動自体は楽しかったため、しっかりと打ち込んでいれば、より高みに行けたと思います。それと本気で活動している部員や真剣に教えてくれる顧問にも失礼ですから。この十年間、わたしはずっと学生だったので、学生生活でのアドバイスしか今はできませんが、頑張ってほしいと思います。

ここまで、十年間の振り返りやアドバイスを送ってきましたが、さいごにわたしが言いたいことは、これまでの十年間、本当に楽しいことがたくさんあり、きっとこれからもたくさんあると思います。なので不安にならずこれからの人生、堂々と生きていってほしいです。

作者紹介　まきの・しゅんじ
2002年生まれ、18歳。前編の牧野大輔の弟。小学3年生の時に、故郷、そして最愛の母を喪う。8歳で母を喪うことに強いショックを感じるも、避難所や学校で家族、友人などに囲まれて過ごすことで悲しみやショックは和らいでいった。中学時代に太鼓、高校ではギターなど、打ち込める趣味を見つけたことで、楽しく充実した毎日を過ごす。現在は仙台市の大学に通い地域構想について学ぶとともに、当時あいまいだった震災の記憶に向き合う。

一期一会を胸に、出会いの一瞬を大切に

古田　由美

震災前の自分に最も伝えたいことは「一期一会」です。震災後、小学生の娘が図工の時間にダンボールで作ったのは、「私の大すきな街」と題した、自分が通った浪江町の商店街でした。大好きな本を選んで買った本屋さん、眼鏡を作ってくれた時計屋さん、おいしいコロッケを売っていた肉屋さん、そして、よく出かけた公園。店主さんのやさしい笑顔や、公園の池にいた金魚の様子などが、笑顔の娘の人形と一緒に表されていました。あの商店街はもうなくなり、店主さん方にはあの日以来お会いしていません。かけがえのない出会いは、人生で一度きりのものでしたが、今でも娘の話に登場する方々でもあります。相手に対して精一杯の誠意を尽くす「一期一会」だったからこそ、今で

も心に残る貴重な思い出の宝物となりました。「一期一会」この言葉を胸に、人との出会い、一瞬一瞬を大切にしなければいけないと思います。

震災後の自分に伝えたいことは、三つあります。一つめは励まされた恩師の言葉です。「今、あることに感謝して、自分を発揮することが故郷への近道。急がず、一歩一歩が明日を確実にします」。

職場、友達、そして自宅、すべての物を震災により奪われ「なぜ、私達だけが……」と、つらくて涙があふれることもありました。そんな時に、恩師がこの言葉をプレゼントしてくれました。職場も、仕事の内容も変わりましたが、その場その場で自分のできることを精一杯やること、急がず、一歩一歩が明日の自分を作ることを信じて生活してきたことで、今の自分が周りから認められるようになったと感じます。仕事ができることに感謝しています。

二つめはすべてのものに、時期があることです。時間が解決してくれることも多いように思います。何より、家族を第一に、家族のために時間を使うことを心がけてきました。余震や放射能の影響により、転校した子供たちも心が不安定な時期がありました。

ですが、一緒の時間を増やすことで、少しずつ落ち着いていきました。今の一秒を惜しむことが、取り返しのつかないことになるかもしれません。子供のＳＯＳのサインを見逃さず時間と手をかけてあげること。子供が安定すれば、親も安定します。

三つめは風評被害に惑わされないことです。当時はスマホもなく、携帯電話も通じませんでした。避難所は避難してきた人々でいっぱいで、テレビを見て情報を得ることもできませんでした。国見町への避難を決意したのは、白い防護服の人達を国道で見かけたからです。その人達に「外に出ていてはいけない」と注意され、ただならぬ事態が発生したことを感じ取り、避難を決意しました。原発事故を知ったのは国見町に避難した後、地震の翌々日でした。自分の目で確かめ、判断することが必要だと痛感しました。そして噂話に振り回されない情報を収集すること。テレビ、ラジオ、新聞、ＳＮＳ、情報を取り入れ、最終的な判断をするのは自分だからこそ、正しく判断できる判断力を身につけ、行動したいと思いました。

先日、子供たちが通った学校が閉校・取り壊しが決定され、最後の立ち入りをしてきました。寂しさもありましたが、たくさんの思い出に感謝しながら、子供たちと校舎の中を歩いてきました。震災は私たちに大切な事を教えてくれたのだと、十年経とうとしている今だからこそ思えます。これからも前を向き、今を大切に生きること、人との出会いを大切にして自分のできる精一杯を尽くしていきたいと思います。

作者紹介　ふるた・ゆみ
1966年生まれ、54歳。震災時は福島県浪江町の小学校教諭として、勤務校にて被災。自宅は福島第一原発から約13㎞離れた北東地域にあったため、避難指示により翌日、家族とともに出身地である同県国見町に避難。その後、居住制限区域指定により、国見町に新居を構えた。現在も小学校教諭として、子供たちの教育に携わっている。長女は中学校卒業式当日に被災、長男の小学校卒業式は中学1年生になって行われた。現在、長女は就職、長男、次女は大学生となった。

恐怖で夜も眠れなかった私へ

古田　真季

２０１１年３月11日。

十年前、私はクラスのみんなで卒業式に向けて歌の練習をしていました。ＣＤに合わせてみんなで歌って、先生が「最後に一回歌って終わろう」と言って、最後に歌おうとした時に、大きな地震が私たちを襲いましたね。あの日は姉の卒業祝いにみんなでお寿司を食べに行こうと約束をしていました。私は家族でいる時間が大好きだったので、そのことを友達に自慢して、先生にも言って、早く家に帰りたいと思っていました。お寿司を食べて、家族でゲームをして、「また明日から頑張ろう」と思って布団で寝る。そんな当たり前の日常がこれからもずっと続くと信じていたのです。

でも、そんな当たり前の日常は一瞬でなくなりました。

今の私はあの揺れた瞬間の記憶はありません。気づいたら先生に体を起こされ、周りで友達が泣いていて、学校の放送が聞こえていました。

「先生の指示に従い、校庭に避難しなさい。教室からでなさい」。

スピーカーから先生の必死な声が聞こえて、私は「死んじゃう」と、「死」への恐怖を小学4年生で体験したと思います。物は倒れて壊れ、校庭に逃げても揺れは収まらず、地面は割れて風景が一変して、当時の私はとても怖かったでしょう。私も今でもあの日のことを思い出すのはとても辛いです。

それからのことは断片的にしか、今の私は覚えていません。壊れた家でお祝いのケーキを食べたこと。避難した学校で外にでたら防護服を着た人たちに怒鳴られたこと。やっとたどり着いたおばあちゃんの家でご飯を食べたこと。きっと当時の私は、これ以上に初めての経験をたくさんしていたと思います。十年たつとこんなにも忘れてしまうものなのだと驚いてしまいます。当時の私はこんなことを聴いたら怒ってしまうでしょう。「なぜあの恐怖を忘れているのか。あの記憶を忘れるなんて信じられない」。確かにあの時の記憶は、これからの未来のために語り継がなくてはならない経験だと思います。

でも、私は十年前の恐怖で夜も眠れなかった私に言いたいのです。

そんな恐ろしい記憶を忘れてしまうくらい、この十年間は充実した、楽しい思い出になっていくということを。たくさんの人と出会い、自分がしたいことを見つけることができたと。それぐらい私は恵まれていたということを伝えたいです。

原発で避難した子供がいじめを受けているというニュースを見て、私もきっといじめられると思ってビクビクしながら教室に入ったとき、新しくクラスにきた私を暖かく、優しく迎え入れてくれる人達がいました。私が学校生活で上手くできなくて困っていたとき、助けてくれる人達がいました。大好きな音楽をできて喜んでいるとき、一緒に喜んでくれる人達がいました。私と一緒に遊び、勉強してくれた人達がたくさんいたのです。そして、その人達は今でも私の友達で、先輩で、後輩で、仲間です。

その出会いを経て、私は「教師」という夢を見つけました。将来の夢を見つけるのは大変だったけど、私が教師になりたいと思う出会いがあったのです。教師になって、子供達に関わって、たくさんのことを教えたいと、必死に勉強して大学に入り、福島県で教師になりたいと思ったのです。

もちろん十年間のすべてが幸福だったわけではありません。辛いことも嫌なこともたくさんありました。それこそ、何度も本当の故郷に帰りたいと思いました。「どうして私がこんな想いをしなくてはいけないのか」とも感じました。あの時からクラスのみんなには会えていません。吹奏楽部の人たちにも会えていません。担任の先生とも会うことはできていません。本当にダメなときは何もしたくないと塞ぎ込みました。十年後の私がどんなことを思っていても、十年前の私はプラスに考えることはできないと思います。

それでもこの十年間には、東日本大震災を経験し、原発事故で避難したという出来事があったからこそ、本来なら出会うはずがない人たちと出会い、経験するはずがなかったことをたくさん経験することができました。嫌なことばかりではありません。楽しいことがこれからたくさんあります。だから、下ばかり向かないでください。自分だけが不幸だと思わないでください。過去を振り返るのではなく未来に目を向けてください。そうして、少しずつあの日と向き合って生きていきましょう。

最後に十年前の私に、今も私の心に残っている言葉を贈ります。
「待て、しかして希望せよ」（モンテ・クリスト伯）

作者紹介　ふるた・まき
福島県浪江町出身。前編の古田由美さんの次女。浪江町立浪江小学校で被災し、初めて「死」への恐怖を感じる。震災後は原発事故により、同県国見町に避難。最初は不安もあったが、たくさんの人との出逢いを経て夢を見つける。中学・高校では吹奏楽部に入部し、音楽の楽しさを改めて感じる。将来の夢は福島県で教師となり、自分が経験したことを活かして、子どもたちが人との関わりのなかで自分の個性を磨き、将来やりたいことを見つけられるように教えることである。現在はその夢を叶えるために千葉県の大学に通い、大学では吹奏楽部に所属している。

35歳のわたしへ。愛をこめて

中村　美紀

十年前の中村美紀さん、こんにちは。

２０１１年３月11日、14時46分。東日本大震災が起き、まさかの福島の原発事故。津波被害はなかったけれど、放射能は目に見えないから、本当に怖いよね。今、いろいろなことに、悩み、苦しんでいるのだと思います。

某放送局の友が、シャワーを借りに来た日が、２０１１年３月14日。「避難して、報道局の人間は、第一原発から60㎞圏内はもう入れなくなってる。タクシーすら福島県内には入ってきてくれないよ」。そう教えてくれた。あなたの自宅は、原発から56㎞。あぁ、わたしの家は「国が避難区域とは言っていないけれど、避難区域になったのだな」

と、彼女の涙を見て確信した。

一時避難するとき、パパも一緒に逃げようって言ったけど、建築の仕事で地震の被害を受けたお客様を助けようと、懸命に動いていたパパに言われたよね。「俺の仕事は、家を建てることだ。だから、ここに住む家が必要だっていう人が、最後の一人になるまで、俺は福島にいるから、お前たちだけ避難しろ」って。パパのことがとても心配だったけど、改めてこの人と結婚できてよかったって、すごい人だなぁって、そう思った。

そして、忘れもしない2011年8月15日。あの日は、プロジェクトFUKUSHIMAの日だった。国見インターを過ぎて県境を越えた時、頑張ってる福島の友達を裏切ってしまった、自分だけ逃げてしまった、そう思ったんだよね。でも、山形について、久しぶりに窓を開けて寝た。福島では原発事故から一切窓を開けずに生活していたから。そうしたら、あゆう と まぁね と みー の髪の毛が、そよそよとそよいで、ほっとしたのと悲しいのと、ごちゃごちゃな気持ちになって涙がとまらなかった。

それくらい、緊張して生活していたんだよね。

「山形避難者母の会」を立ち上げた理由。それは、私自身のためだった。だって、自分たちだけ避難して、ずっとずっと福島を裏切った気になっていたから。だから、福島のためになることを、私もしたかった。何かせずにはいられなかった。まりっぺや、ちかちゃんや、陽華さんや、ヤブヤブ、アキティ……たくさんの大好きな人たちの顔が浮かんで、私だけが福島のために何もできていないって思っていたから。福島に暮らすみんなと、心まで分断されてしまうのは耐えられなかったから。

大丈夫だよ、辛いことだけじゃない。山形でも素晴らしい仲間と出会えるんだ。そして、あなたはこれから、福島のためにたくさんのことをするようになる。想いは、願いはかなうんだよ。かわいい娘たちはガンになんてならない。病気一つせず、生き生きと未来を歩んでいるよ。みーはカナダへ単身留学して、英語がとっても得意。お菓子作りも、パティシエ並みに上手になる。あゆうは新体操をはじめて、女子力磨いてる。まぁねはちょっとぷっくりして、アニメ大好きになる。これが一番意外でしょ。

そしてもっと驚くことがある。「福島にいたから、結婚できないかも」「子どもが産めないかも」ってチェルノブイリの事例と比べて不安にならないように、あなたはもう一人の子どもを産みます。名前は「天晴（たかはる）」。そう、なんと、最後に男の子が生まれて、家族は6人になり、仙台で暮らすようになるんだよ。

あなたは料理家として、自分のスタジオを作ります。そして、家族仲良く暮らせています。苦労した日々のことは全て、あなたの人生の役に立ちます。

そして何より、震災がきっかけで、震災を我が事として捉えてくれる、たくさんの人とのつながりができ、それは未来のあなたの子どもたちが行動するきっかけの全てになります。人生、苦しみや悲しみの時期があるからこそ、幸せを強く感じられるようになる。

十年後。45歳の私は、今のあなたが想像しているよりずっと幸せだから、安心してね。放射能を見るのではなく、人の心を大事にしてください。そうすれば、間違いない。いつの時代も、全ては「人」。大切な人を、心から大切にしてください。

十年前の大切なあなた、そしてわたしへ。愛をこめて。

作者紹介　なかむら・みき

1975年生まれ、45歳。福島県福島市出身、料理研究家。震災時は福島県郡山市在住の35歳、韓流ドラマを見ている最中に被災。緊急地震速報が鳴って、当時1歳、3歳、8歳の娘たちとリビングのガラステーブルの下に潜ると、上から大量の食器が降ってきて、次々に割れる音が響き渡る。夫を福島に残し山形市へ母子避難。「山形避難者母の会」を立ち上げ、会の代表として母子避難の支援活動に携わる。2年7ヵ月の避難生活を経て、郡山市の自宅に戻り、家族全員で再び生活を始める。現在は夫の単身赴任を理由に、仙台市へ移住。

みーへ。あなたのままでいい

中村　天海

未来から、こんにちは。これを書いているみーはあなたの十年後です。高校3年生の年ですが、訳あって高校2年生をしています。

みーには想像もつかないだろうけど、今のみーは仙台に住んでるんだよ。都会って思ったでしょ？　意外と住んでみると慣れちゃうもんなんですよ、これが。まあ、十年後を楽しみにしてて。

私、知ってるよ。「あ。地震きた。原発爆発した。なんか首相めっちゃ変わるなー。てか今年花粉多くね」って思ってるでしょ。あんたは意外と呑気だねえ。そのくせ外面は真面目でお難くて、世間体なんて気にしなくていいのよ。気取らなくたっていいのよ。

てか後になってちょっと恥ずかしいから気取らないで〜。

何にも怖くなかった。放射能ってなんか紫色のオーラを感じるんだけど（みーの勝手なイメージ）実際見えないし。何の答えも出ないしどう付き合っていくか……。今のみーはきっとそのうち解決されるかなーなんて思ってるかもしれないけど、十年経った今でも、おじさんたちは「んー。どうしようねー」って言ってます。あ、でもマスクはつけなくても良くなるし、スカートもそのうち履けるようになるよ。

福島はこれからフクシマって言われるようになります。それも十年経った今は大分落ち着いてきているけど、例えばフクシマの食べ物は食べない、フクシマには行けない、なんて言われるようになります。まあ事実放射能があるって言われてるからしょうがないけどね。しょうがないんだよう。

原発が爆発したせいで、ちょっぴり変な普通が福島に浸透することになります。町の至る所にモニタリングポストっていうハイテク百葉箱みたいのができて、甲状腺の検査も時々行われるようになります（ぬるぬるするやつ）。あと、今みーは放射線バッジ欲しいなーって思ってるだろうけど、あれ、めっちゃめんどいよ。毎日日記みたいの書かなきゃいけないし（真面目に書いてなかったけど）ちゃんと持ち歩かなきゃいけないし。側溝の上は今はまだ歩かないほうがいいなあ。七年後くらいに、除染をしてるところで、うん、低そうって思って初めて側溝の上を歩いた時はなんだかちょっと悪いことをしている気になったよ（笑）。

小学3年生になって、みーは山形に引っ越します。母子避難っていうの。なんかめっちゃおかん感あるよね。意外かもしれないんだけど、あのママが、なんとNPOの代表をすることになります。って言っても当時のみーはその凄さに気づいてなかったわ（笑）。みーはママについていろんなところに行けるし、いろんな人と出会います。それが本当に楽しいのよー。ママが一生懸命働いて喋ってるのに、楽しんじゃってごめん！　そしてパパと離れて暮らしてるのに、みーめっちゃ楽しんじゃったごめん！　そんな感じでみーは結構楽しい生活を送ることになります。ちなみにその頃のみーはよくビックボーイに行って大俵ハンバーグを食べます。そんなことはどうでもいいのだけれど（笑）。

小6になって、天晴っていう中村家初の男子が生まれます。それに合わせて郡山に帰るんだけどこれがまあ当時のみーにはキツかったらしく。これから来る未来の不安話をごめんね。今のみーも実際辛かったこととか悲しかったこととかはほとんど記憶にないんだけど、もし6年生になったときのあなたのためにアドバイスをするとしたら、意外と一人でも楽しくやれるし、楽しそうにしている人の周りに人は集まるはずだから、そんなに思いつめないで。時間が解決してくれますよー。

あ、そーだ。みーさ、これからテレビの取材受けたりするのさ。なんだけどさ、結構空気読んでテレビ的にかわいそうっぽいこと言っちゃってたりするかもだからさ、正直にお話ししてね。震災関係のことってかわいそうに取られやすいのよー。でもみーの中では震災が起こってからの生活も毎日目一杯楽しんできたし、後悔してる事なんてないからさ。だから素直にね。十年後のみーを信じて！

基本的にみーは、みーがやりたいことをやってくれればそれでいいです。ただ一つだけ、みーが十年の間に気づいたことを伝えておきますね。

それは我慢しないこと！　みーねー、空気読むしめっちゃ気を遣うからさ、自然と我慢しちゃってることあると思うのさ。でもね、意外と世の中わがまま言っても、というかむしろわがまま言ったもん勝ちみたいなところあるからさ、やりたいことがあればそれをやればいいし、欲しいものがあればそれを手に入れればいい。あなたの弟なんてひどいよー。毎日のようにわがまま言って、それでもパパとママから溺愛されてるんだから。つまりは、良い子でいなくても、あなたはあなたのままでみんな大好きだからね。好きなものは好き、嫌いなものは嫌い、それでいいのよ。まあ、そんなことを言っている私もまだそうなれてはいないのだけれど（笑）。

これから先、何があっても自分のやりたいことをして欲しいです。前髪を摑むの！楽しく生きて！

十年後のみーより。

作者紹介　なかむら・あまみ

２００２年生まれ、18歳。前編の中村美紀さんの長女。福島県郡山市出身。震災当時は小学２年生で、自宅で母と妹たちと被災。とてつもない恐怖を覚えた。小学３年生で山形に母子避難。小学６年生で郡山の自宅に戻り、家族全員で再び生活を始める。高校１年生で父の都合で仙台に移住。カナダに留学し留年して、現在高校２年生。

Ⅲ　原発災害に向き合う

当たり前を過ごす私に忘れて欲しくないこと

佐藤　雪音

２０１１年3月11日、小学4年生のあなたはもうすぐこの日を迎えることになりますね。この日の出来事は歴史に名を残すほど大きなものでした。しかし、この大きな出来事を経験したからといって、あなたの日常が変わるということはありません。変わらないからこそ、あなたに忘れて欲しくないことを伝えたいと思います。

この日の14時46分に大地震が起きます。この時のあなたは学校で習字の授業の片付けをしていました。大きな揺れは本当に怖く、みんなの泣き叫ぶ声や色々な物が壊れていく音が響いていました。でも、幸い友達も家族も全員無事です。家の中はぐちゃぐちゃになっていましたが、一部を片付けて家族で寄り添って過ごしました。電気や水道も止まりましたが、二、三日で復旧しました。学校はちょうど春休みとなり、家の中は余震などで危なかったのでほとんど外で遊んで過ごしていました。しかし、原子力発電所の爆発により、放射線という体に悪影響がある物質が福島県を中心に広まります。そのため、しばらく外に出ることも出来ない日が続くことになります。夏でもマスクや長袖、常にガラスバッジを持って自分の体は大丈夫かどうか検査などもしました。少し窮屈にも感じましたが、普通に学校にも行き、ソフトボールの練習もすることが出来ました。そして、窮屈に感じていた日々もいつのまにか無くなっていました。

君がこれから経験することを知ってどう思いましたか？　この震災によって当時は生活が大きく変わっていましたが、すぐにほとんど元通りになります。そして、当たり前の生活にまた戻れた、日常が変わらなかったからこそ忘れて欲しくないことがあります。それを一番あなたに知って欲しいです。

友達も家族もみんな無事、一日も避難しない、数日後に電気も水も使えるようになる、放射線の影響もそれほどない。これは本当に恵まれていたということを忘れないでください。君はこれから少しずつこの震災がどれだけ大きな悲しみを生んだかを知っていくことになると思います。それと同時に震災のことを少しずつ忘れていくと思います。あなた自身日常が簡単に戻ったからこそ、その大切さをいつの間にか忘れていきます。そして、震災で起こったことがどこか遠くの国のことのような、自分には関係がないことのように感じていきます。忘れていくことが悪いことだとは言いません。辛い出来事だとしても忘れていくことが出来るのは、立ち直れているという証拠だと思うからです。起きたことを全て記憶していて欲しいわけではありません。震災というなかなか経験することがないもの、もう二度と経験したくはないこと。そんなある意味貴重な経験だからこそ、一つでも多くのことを学んでください。

日常に変化はないと言いましたが、悲しい経験をしたことがあります。体に悪影響のある放射線が広がって、検査などを行ったと言いましたね。検査結果は全然問題ないので安心してください。しかし、この放射線の影響で避けられるようになる可能性があることを先生に教わりました。そして、あなた自身福島県から来たと言っただけで、今まで話していた人が急に離れていくということを経験します。その時は本当に悲しかったのですが、それは気にしたら負けなので乗り切ってください。それ以上に君はこれから大切な友達や仲間など素敵な出逢いがたくさんあるので楽しみにしていてください。

あと、18歳の時に君は初めて帰還困難区域に行きます。原発事故の影響で住むことができない地域です。ここは先ほど言った遠くに感じ、自分には関係がないと思っていた場所の一つです。しかし、その場所は車で数時間で行くことができ、知りたいと思えばその方法はいくらでもありました。知識が無いことから余計にその場所を特別な場所と思い込み、距離をとっていたのだと思います。その場所には十年目の今でも、町のために戦っている人達がいます。その場所を特別な場所と思い込むのではなく、その場所で自分はなにが出来るのかを考えてみてください。そして、震災の時のまま時間が止まっているその場所は、至る所にバリケードが張られ、除染作業を行う人だけがいました。また、広い範囲に太陽光パネルが広がっている光景が見られます。除染作業を行っている人達はどんな人なのか、なぜ太陽光パネルが広がっているのかぜひ調べてみてください。復興の難しさ、当たり前の脆さなど多くのことを学ぶことが出来ます。

震災当時にこうしておけばよかったなどの後悔はありません。そして、今の私がこうして手紙を書いているように、震災のことをあなたが忘れることはないと思います。だからこそ、その経験から学んだ大切なことの一つ一つを忘れないでいて欲しいです。私はいま大学で地域づくりについて学んでいます。あなたにはまだ想像がつかないかも知れませんね。でも、とても学びがいがあるので、この選択をして良かったと思っています。「地域づくり」、「復興」など言葉で簡単に言えることを実行するのは、こんなに難しいことなのかと痛感する日々です。あと、大学進学を機に一人暮らしを始めます。最初は辛いですが、だんだん楽しいと思えてくるので頑張ってください。あなたはこれから本当に色々なことを経験して、沢山の人に出逢っていきます。時には辛いこともありますが、楽しい思い出のほうが多いです。大切にしなければならないことは行動と経験の中で見つかっていきます。たくさん行動して、経験を積んで、楽しい日々を過ごしてください。

特別な当たり前を過ごす私より

作者紹介　さとう・ゆきね

2000年生まれ、20歳。福島県国見町出身。震災時は小学4年生で、習字の授業中だった。家族も友達も無事で震災による被害はほとんどなく、一日も避難することはなかった。しかし、原発事故により屋外活動が制限された。徐々に普通の生活に戻り、小学2年生からやっていたソフトボールを高校まで続ける。震災、小学校の統廃合、帰還困難区域への訪問を経験したことから、地域づくりや災害復興に興味を持つ。現在は東北学院大学で地域構想について学ぶ。金菱ゼミに所属し、震災の記録プロジェクトに参加。

原発事故に翻弄される前の私へ

牛来　キミヨ

十年前の私は主に田畑で暮らしていました。時の流れは早いもので、周囲一面の移り変わりと自然の豊かさの中での生活は大変でありましたが、山あり谷あり、どんなにつらくとも前進のみで過ごしました。思えば、何十年先に過去をふり返ってみると、私は青春の頃の思い出はあまりなく、19才で嫁に出され、世間知らずで知らない土地での生活は、心のゆるみもなく、日々働くことばかりでした。

米作りは農作業に必要な機械を一通り使うので大金になり、私等の頃は現金収入があればと、外で働きました。私は近くの会社に約13年間勤めました。

その後、畑には春菊、また田の減反も野地に、約一年間通して春菊を作付出来、農協よりの集団作付で、農協に出荷していました。子供達も一人前になり、自分の仕事と心のゆとりもでき、旅行にも行けるようになりました。

3・11の東北の地震当日はびっくり、驚きで外に飛び出しました。私は春菊の箱詰めをしていた時でしたが、この日は孫の中学校の卒業式から帰って来た時でしたので、私は近くの軽トラックにつかまりました。大きく左右にゆれ、やっと止まったので、それから少し春菊摘みに行きました。戻って来るときに前の川と田んぼを見ると、津波で一面が白海になっていました。そう思ったら、アッという間に引き潮で、大樹と家などが押し流されていきました。目の前での津波の恐ろしさが目からはなれないうちに後から後からと車が来ますが、道はドロドロで通れない状態でした。

家に戻ると、棚から物が落ちたりガラス等が壊れたりしていました。電気はつかない、水は出ないので、息子達と一緒におかあさんの実家に行き泊めて頂きました。そこでテレビを見たら、家も人も流された所が放送されていました。後日、家に戻り周りの片付けと夜の休む所の準備をしていたら、隣の人達から原発が爆発したと知らされ、「遠くへと」と言って行ってしまったので、私は心細くなり自分も町の親戚の家に行くことにしました。泊まる時はコタツに入って休んだのでした。

次の日、息子と連絡がとれて、親戚の家へあいさつに来てくれました。息子は小学校の体育館の避難所に戻るとのことでしたが、近くに居ましたので安心しました。次の日は福島方面に行くとの連絡がありました。途中で待ち合わせて、一緒に行く途中で飯舘の知人の所で、夕食と風呂を頂きました。ほっとした時、娘より福島市の吾妻体育館に居るとの知らせがあり、すぐに福島へ向かいました。着いたらそこは寒くストーブが二か所のみでした。

二日目の朝は炊き出しのおにぎりを頂き、知人と思い思いの話をしながら、娘等も南の親戚を頼っていくとのことで、息子等も行くことになりました。その日は雪で、朝のおにぎりを頂いてから出ました。心配しながら行くと途中でガソリンが不足し、どこまで行ってもスタンドは車が並んでいました。車の少ない所を抜けて目的地に着き、息子等は妹の家で私と夫を置いて、埼玉に行きました。

妹の家には二十日間過ごしました。二十日間ですが、何もすることがないので掃除をしたり散歩をしたり、たまには買い物もしました。息子等は、一度だけ原町の家に来て服等を持っていきました。孫たちは福島東高校と中学入学の準備とのことで早めに福島へ戻って来ました。私共は大阪の娘の所に移り、親子４人でしたので私等２人の６人になりました。孫たちは学生でしたので家事を手伝い散歩したりしながら、原町の方はどうなっているのかと心配しながら三ヵ月過ぎました。その後に息子から連絡があり、南相馬市鹿島の仮設住宅に入れるようになったので帰ってきました。

普通の生活に必要な、細かい生活品を少しずつ買い集め、やっと落ち着きましたが、近所の人達とのあいさつはまばらでした。仮設の代表者がいろいろと私達に合わせて運動、楽しみ方等を教えたり、また各県の大学生のボランティアの人達が来て、昔の遊びと映画等で次第に集会所の集まりに行くようになりました。友達も出来、季節にあった花見、そうめん流しなど、ボランティアの人と一緒に楽しませてくれました。

時には原町の自分の家へ行ってハウスの中を片付けたり、朝早く弁当を持って草刈等に行きましたが、動いたためにつかれも残り、翌日はぐったりしていました。

食料品とか衣料品、寝具等は、ボランティアが運んでくれましたので助かりました。十年前は野菜等の食べ物は何不自由なく過ごしましたが、地震津波爆発が起き、都会並の生活が七年間続き、家でゴロゴロとしていました。体力も落ち、家に帰っても元の生活には戻れないだろうと思っていました。仮設も次第に少なくなり、早く帰りたい……

やっと家に戻って来たら、夫は前の家と違って一時とまどいを見せていました。隣との会話は少なくなり、用件のある時は携帯で話せるので会うことも少なくなりました。

十年前の様に田、畑は作ることが出来ません。この先、何事も起こらず祈って暮らしたいです。

作者紹介　ごらい・きみよ

１９３８年生まれ、82歳。福島県南相馬市原町在住。震災時は自宅周辺で農作業中だった。原発事故により南相馬市の自宅が警戒区域となり、避難先を転々としたが、事故から7年が経った２０１８年5月に自宅に戻る。震災前は農作業に励んでいたが、原発事故により農業をやめた。現在も農地の手入れを続け、月一回集落の集まりに参加している。

心が満ち足りていたあなたへ

鈴木　豊子

十年前の貴方はのら仕事や家事・孫の世話に追われてたいへんな毎日でしたね。毎日が目のまわるような忙しさのなかにも仕事へのやりがい、生きがいなど充実した日々でしたね。あの3月11日が来るまでは。

地震後、水も電気もない家のなかで、家族7人火のないコタツに足を入れ、毛布にくるまって夜を過ごしました。幸いわが家は被害がなく、津波の心配もありませんでした。次の日津波の大きな被害に言葉を失いました。

地震から三日目に放射能に追われるように山形に避難しました。山形に着いて保健所で放射能の検査のため足止め、終わってやっと「飯豊少年自然の家」に着きました。一番驚いたのは二階まである雪の壁。これからどうなるのか不安しかありませんでした。

避難民という言葉は自分には関係のないものと思っていましたが、まさか自分がなるとは夢にも思っていませんでした。施設の職員の方に、また山形県の皆様には本当にお世話になり感謝しています。おかげ様で、4月22日に懐かしいわが家に戻ってこれました。出る時は寒く、花の一つも咲いていなかったのに、帰ってみると春の花々が私達を迎えるように咲き誇りツバメも飛んでいて変わりない景色でした。でも、地震の爪痕はそのままで、「あぁ、たいへんなことが起きたのだ」としみじみ思ったものでした。

ほっとしたのも束の間、わが家を境にしてものものしいバリケードが立ち、わが家の畑が原発から20㎞で分断され、20㎞圏内には人が住めない状態になっていました。空気も何も変わらないのに放射能のせいなのです。夜になると、20㎞圏内にはただ一つの明かりもなく、街灯の明かりだけが寂しく灯り、ぶきみさが増すばかりでした。

私の家の畑が20㎞と30㎞に分断されているのがマスコミにとりあげられると、いろんな人が取材にきました。最初はいやでしたが、今の状態を発信出来るのは自分しかいないんじゃないかと思い、取材を受けたことを思い出します。

そんな中で私に別の世界を見せてくれた人がいました。その人は映画監督の園子温さんです。園さんは震災後、映画を作るためいち早く被災地に入り飯舘や南相馬市、そうして私の家の前のバリケードなどを取材して映画「希望の国」が出来たのです。すばらしい映画です。原発事故でバラバラになった家族の物語で、避難する人、残った人の心の葛藤、放射能の恐怖からの差別、避難民となった人々、誰もいなくなった道路を動物達が歩く姿など、私達が見たこと経験したことなど。最後に、主人公が先の見えない生活に失望して飼っている牛と認知症の妻をみちづれに自殺してしまう物語です。平凡で平和な生活が崩れてしまうなんて誰が想像したでしょう。私はこの映画を見て涙が止まりませんでした。この怒りや悲しみをどこにぶつければいいんでしょうか。

あれから十年。十度目の春が来ましたが、貴方は今どんな生活をしているのかな。平穏な毎日をおくっているかしら。それとも……。道路沿いにあった春菊のハウス、そこは部落の人のコミュニケーションの場所でした。また、情報交換の場所でもあったのです。今は何もありません。田んぼは全部除染土の仮置場になり、部落の人々は農業をやめてしまいました。将来この部落はどうなるんでしょう。原発事故は人の身も心もむしばんだのです。

私は残りの少ない人生をこれからどんなふうに生きようか考えています。月並みな言葉ですが、家族に迷惑をかけず、健康に気をつけて一日一日を大事に過ごしたいと思います。

十年前に比べると時間はたっぷりありますが、何もすることがないのです。本を読んだり習い事をしたりと自分の好きなことをしています。

でも何か変なんです。心の中はいつも飢えた状態。なぜなんでしょうね。誰か教えて下さい。

作者紹介　すずき・とよこ
1942年生まれ、78歳。福島県南相馬市在住。震災時は自宅にて被災。原発事故により一時県外へ避難したが、自宅が警戒区域外であったため、ひと月ほどで帰還。以降現在まで南相馬市で暮らす。震災前は家事や春菊栽培などの農作業に勤しんでいたが、原発事故により農業をやめた。それでも農地が荒れないように手入れを継続し、自分の時間を大切にして生活している。

自主避難したからこそ、得られたもの

青木　秀正

今の君へ
あの時、2011年3月11日。

あの時の自分に声をかけてあげるとするならば、そして、振り返るとするならば、

「やっぱり、今になって考えても間違ってなかったよ」。

と、声をかけてあげたい。

でも、今だから言える事でもあるが、もっとベストな選択はあったのかもしれない。

そして、違う道を選んでいたら、どんな「家族」の形になっていたのかは、誰も分かるわけがない。

【2011年3月15日】

3月11日に起きた東日本大震災。勤務先の近くで、見回りをしていた車の中で被災した。幸いにも家族がいる自宅は、比較的被害が少なく、電気は一日で復旧。水道も断水にはならなかった。

この福島県本宮市でも、住んでいる地区によって被害は全く違った。家族で一番心配だったのは、1歳半の末っ子。食物アレルギーで乳製品、卵を食べることができない。満足に物資が入ってこない状態で、店の前に並んで、順番に買い出しをしなければならない。アレルギー反応を気にすることがない安心な食材は米だったが、手に入らなくなってしまう時が来るのではないかという心配も感じていた。

そんな時だった。原子力発電所が爆発した映像が目に飛び込んできたのは。

原子力発電所の放射能汚染。テレビを見ることができた我が家は、様々な情報が錯綜する中、避難するべきかの判断に迫られていた。

そんな中、今でも思い出す。衝撃的な情報が入る。

妻の友達からのメール。その友達の旦那さんは、自衛隊員だ。

〈旦那から連絡あった。早く避難するように。やっぱり、まずいらしい。〉

メールの内容は、衝撃的だった。

本宮でも放射能汚染の影響があるのか。

まだ建てて間もない我が家を捨てられるのか。

どこに逃げるのか。

妻と、暇さえあれば相談を繰り返した。

その君は、仕事に行くべきか迷っていた。避難すべきか。もし避難が長期化するなら、家族と離れ、自分は仕事に戻らなければ。そうしなければ、将来的に先ゆかなくなるだろう。いずれにしても、判断をしなければ。

そして、君の決断は。

【早急に目の前の仕事だけは、終わらせよう。今日は、仕事に行く。】

あの時の君へ　今の私から伝えたいこと
実は、数日後に放射性物質の飛散状況及び今後の予想が発表されることになる。

今日は天候、風向きが変わる。仕事先の福島に放射性物質を含んだ雲が迫り、本宮に来る。そして、雪が降る。避難を優先するべきだ。

また、いまだに低線量における放射能の健康影響については、その優劣は確認できていない。だからこそ、後悔をしないように、今のベストを選択すべきだ。

君の仕事を考えるなら、短期間であれば有休を取っても、仕事は失わない可能性が高い。この判断は、子どもの将来を左右することにもなりかねない。

君たち家族の生き方を、生活のスタイルを維持していくためには、できる限り早く、君以外の家族だけでも先に避難させるべきではないか。

そう、伝えて、アドバイスしてあげたい。

君のとった行動

結果的に我が家は、私が仕事を終え、夜21時頃に実家の会津に自主避難することを選択する。しかし、その時には、地震の影響で通行止めになっている区間を迂回しながらの避難になる。また、しんしんと雪が降りしきる中であった。

当然、街燈は点かないので、真っ暗だった。そのうえ、雪はしんしんと降っているので車のフロント越しの道路は見えない。

そして、何よりも私は放射性物質を含んでいる可能性がある雪であることを認識していた。車に乗りこむ子どもたちに一粒の雪も触れさせまいと傘でガードし、息を止めさせたことを覚えている。

危険な中での避難になった。

結果を踏まえて、今の君へ

やはり、ベストな選択は、昼に避難すべきであった。

しかし、長期的に考えると、放射性物質が降り注いだであろう土壌からいち早く避難できたことは今でも、間違っていないと思う。なぜなら、私たちは、外で思いっきり運動することを小さい頃から推奨して、子育てをしてきた。外に出て思いっきり遊べない環境は、子どもたちの心身に大きな害をもたらすことが分かっていたからだ。

【2011年3月末】

会津に自主避難した君たちは、二重生活を送ることになる。君は、ガソリンの調達や子どもたちのこれからの生活について相談する日々を送ることになった。

職場が福島市であったため、自宅がある本宮市、家族が自主避難している会津との三ヵ所を転々とする生活が始まる。平日は、本宮から職場に通い、休日は会津に戻る。連日、放射能測定値のニュースを気にしながら、職場の同僚に気を遣うことになる。職場の同僚は、自主避難していないからだ。

家族は子どもたちの学校生活を継続するために自宅に戻るのか、自主避難先でとりあえず新しい生活を始めるのか、選択を迫られることになる。

実家にはとどまらず、自主避難を続けるなら、会津の実家以外の選択を迫られることになった。次に自主避難先の候補として選んだのは、妻の実家のある神奈川県であった。私たちの判断で、子どもたちの通学先を変えてしまって良いものだろうか。転校先でいじめに遭わないだろうか。なじめるのだろうか。

本当に、放射能は体に悪影響を及ぼすのだろうか。

本宮市の自宅をどうしたら良いのだろうか。せっかくできた、人とのつながりをないがしろにしてしまって良いのか。世間からの目は、どうなるだろう。

仕事はどうするのか。二重生活に耐えていくことができるのだろうか。

経済的な問題は。

あまりにも課題が山積している状態で、決断をしなければ新しい年度が始まってしまう。そして、判断に悩む毎日の中、君たちが選んだ選択は、神奈川県への自主避難であった。

あの時の君へ
自主避難は、間違ってはいなかったと思う。
今から考えれば、様々な問題や苦労はあったけど。
転校による子どもたちの負担、福島と神奈川の二重生活、神奈川での生活空間の問題（6畳に家族4人、妻と子どもたち3人）、本宮市でつきあいのあった人たちとの疎遠、自主避難しているという心の負担、自宅の管理、家族の時間の減少等。

数え上げればきりがない様々な問題や苦労はあったよ。子どもたちは、不安定になり、避難先の子どもたちになじめない時期もあったんだ。

でも、放射能による健康被害を最小限にしながら、子どもたちに思いっきり運動させるには、自主避難するしかなかった。そして、内部被曝、外部被曝を最小限にすることを選んだ君たちにとって、活動を制限させながら子育てをしていくことは、精神的にもかなりのリスクをはらんでいたと思う。

そして何よりも、ある女性から言われたあの一言は、つらかったね。「○○ちゃん（長女）が結婚する時に、原発事故の時に福島にいた女性とは結婚させられないって言われたら大変だよね」。

風評被害とはこういうことかと改めて感じさせられた一言であったね。

私たちは、そんな考えを持っている人を結婚対象に選ばなければいいことだと考えたよね。でも、将来のパートナーは娘が選ぶものだ。どんな人なのか、どんな家族で育ってきた人を選ぶのかは分からないと考えての行動だったよね。

ベストを尽くすしかなかった。だから、間違っていない。

白石市へ三回目の自主避難をした君へ

現在、私たちは、宮城県で生活している。自主避難も三回。そして、ようやく自主避難という意識から脱却できたと感じた時は、今から三年前位だったように記憶している。いま、大きく成長した子どもたちは、様々なスポーツや運動経験を積んで、人並み以上の力を発揮している。

そして、甲状腺がんには、なっていない。福島県のがんの発生率は、原発事故との関係はないと言われているが。それは、分からない。

でも、ベストを尽くすことができたと思う。

そして、何が正しかったのかを考えるより、この経験を、今の現実を、プラスにすることが大切だと思う。

自分たちの足でしっかり立ち、経済的にも、心も、自立することが本当の意味での復興につながっていくことだと思う。

子どもたちの将来を一番に考えて行動した君の選択は、間違っていなかったと思う。大切なことは、この経験を生かしていくことなんじゃないかな。

作者紹介　あおき・ひでまさ

震災時は福島県本宮市に居住し、福島市の中学校教諭。卒業式が終わり、勤務先の近くで見回り中に被災。幸い家族も無事で被害も少なかったが、幼い子どもがいたため、原発事故により、自主避難を決断する。福島市内の仕事と、転々とする避難先での二重生活。これから家族みんなで住むために新築した家。多くの問題や悩みがあったが、なにより家族のことを一番大切に考えて行動した。何度かの自主避難の末、現在は宮城県白石市に住み、福島県庁に勤めている。

心のどこかにいつも浪江町が

小野田　恵佳

東日本大震災が発生した２０１１年３月11日から十年が経過しようとしている。この十年間はあっという間に過ぎていった。かけがえのないたくさんの出会いや小学生の自分からは想像もつかない貴重な経験の数々、震災が気づかせてくれた大切なこと、この十年間本当にいろんなことがあった。

停電しながらも営業しているコンビニを見つけて食料を買い漁った。
腹痛に襲われながらももらったおにぎりを食べて車中泊した。
津島の集会所で大人の皆さんがこれでもかとテレビにくぎ付けになっていた。

埼玉の親戚宅での久しぶりのお風呂。
「いじめられたくない」と福島県に戻る決断をした日。
今でも当時のことを鮮明に思い出すことができる。
「またすぐ元の生活に戻れる」と思っていたあの日の自分に神様は、
「世の中そんなに甘くない」と試練を与えた。

それから一ヵ月も経たないうちに新たな土地で〝第二の人生〟を歩むことになったけど、心のどこかにはいつも浪江町の存在があったし、今もそれは変わらない。

文章を書いたり、読書をしたりするのが好きなのもあって、小学6年生の時、少年の主張大会で最優秀賞をいただいたり、文集に入選したり、学年通信に掲載されたりした。当時はさほど実感が湧かなかったかもしれないけど、とても嬉しかった。

中学生になって知り合いがいない学校に進学したとき、最初はなじめなくて同級生との距離も感じていた。誘われるがまま、ソフトボール部に入部したことで努力することや一生懸命頑張ること、物を大事に使うこと、挨拶や返事の大切さ……様々なことを学んだ。でも、あの時は今と比べて全然努力していない人間だったから、「人よりも何倍も何十倍も努力しろ‼」と当時の自分に言ってあげたい。それは勉強においても言えることで、浪江にいた時から英語の授業が大好きで得意だったこともあって、英語の成績はいつも5なのだけど、他の主要な科目は中途半端な成績だった。特に理数系は苦手で、テストの点数も差が出ていたよな～。そんなこんなで過ごしていた中学生活は2年生の時に新たな転機を迎える。当時、部活の友人が学級委員長を務めていたこともあって、自分も挑戦してみることにした。理由は単純、目立ちたかったから。輝きたかったから。今考えると、自分のアイデンティティを見つけるためでもあった。昔から目立ちたがり屋な部分はどこかにあったと思うけど、自分の意見を発言するのは苦手。周りの目を気にしてしまう性格だった。しかし、この経験がその後の人生を大きく変えることになる。

高校時代はソフトボールを継続し、先輩の引退後は部長も務めさせていただいた。生徒会役員としても活動していたし、国際交流や国際協力のイベントにも積極的に参加するようになる。高校三年間、全力で楽しんでいたし、自分自身をどんどん成長させてくれた経験をたくさんさせてもらった。迷惑をかけることもあった。本当にごめんなさい。それでもたくさんの人が自分を支えてくれたおかげもあって、たくさんのことに挑戦させていただいた。卒業から二年以上経過した今でも連絡を取っている友人や先生もいて、高校を訪問すると素敵な笑顔と温かい雰囲気で迎え入れてくれる先生方に感謝。

大学受験を終えて、選んだのは千葉県の大学。先生から勧められて、パンフレットを見た時に、「こんな大学あるのか!!!」と衝撃を受けたほど。他にもいくつか大学を候補に入れていて、「福島からだと遠い」という理由で悩んでいたけど、はじめてパンフレットを見た時の衝撃と「ここに進学しないと後悔する！」と感じたあの時の気持ちから進学を決めて、初めて福島県を離れることになった。入学した当時、世界が広がった感覚をよく覚えている。やりたいことがとことんできる環境が整っていて、整いすぎていて。興味関心もやりたいことも年々増えていった。今では国際交流団体の代表や学友会本部役員（中学高校でいう生徒会）、授業内での Teaching Assistant（教授補佐）などなど、やりたいこと存分にやらせてもらっています。

3・11から十年を迎えるいま、世界は「新型コロナウイルス」という感染症によって死者が出てしまったり、夏でもマスクをするのが必須になったり、外出自粛になったり、悲しい想いや寂しい想いをしています。私は約二年半住んでいた寮を出て、実家にいます。授業もオンラインに切り替わっています。それまでアウトドア派だったけど、家で出来ることもたくさんあることに気づいて全然退屈しません。あの時と同じような感情がふつふつと湧き上がっています。今までの生活がどんなに幸せだったか、思い知らされました。

あの日から何度か浪江に行かせてもらう機会があったんだけど、正直大学生になるまではただ行っているような感じでした。もちろん、浪江のことを嫌いになったわけではありません。大学生になって浪江への想いを再確認した今は、浪江をもっと発信したいと思うようになりました。避難指示が解除されて、町の再開発が進んで、復興を少しずつ感じています。また、コロナウイルスの影響もあって大切なことをより大切にしたいと再認識したいま、一瞬一瞬を大切に生きています。通っていた小学校は来春解体されることが決まってしまいました。私の幼少期の青春は紛れもなくここにある。いつまで経っても忘れない素敵な母校です。ありがとう。

東日本大震災と原発事故は、私の大切な故郷を突然奪っていきました。たくさんの尊い命が失われました。家を失った方、家族や大切な人を失った方、心に傷を抱えた方がいます。

「福島＝放射能、原発、危ない」というイメージを持たれていたことによって、転校先でいじめられるニュースを見て心を痛める日々。

まだ20歳ですが、死ぬのが怖くなりました。

人の死に敏感になりました。

災害が多い日本、ニュースで報道されるとアンテナを張るようになりました。

何か人のために行動したいと思うようになりました。

まさか、故郷である福島県浪江町を離れる日が来るとは思っていなかったけど、浪江町を離れて、改めて自分は浪江町がとても大好きだということに気づきました。家族に恵まれ、幼馴染に恵まれ、先生方に恵まれ、地域の方々に恵まれ、環境に恵まれました。本当に感謝しかありません。ありがとうございます。

そこで、十年前の自分へ伝えたいことがあります。

生きているのは当たり前ではありません。亡くなった方の分まで大切に生きてください。

周りの人や物、環境にたくさん感謝してください。恥ずかしい時や照れくさい時があるかもしれないけど、「ありがとう」を伝えてください。

人の痛みが分かる人になってください。

たくさん挑戦してください。どんなに小さくてもいいから夢や目標を見つけてください。

たくさん笑ってください。

今日も生きてくれてありがとう。

十年後の小野田恵佳より

作者紹介　おのだ・あやか

１９９９年生まれ、21歳。福島県浪江町出身。震災時は小学5年生。原発事故により町を離れ、転々とした後、同県二本松市へ移住。転校先の中学校で学級委員長を務めたことをきっかけに、挑戦することの楽しさややりがいを知る。国際交流、国際協力、まちづくり、ジェンダー、スポーツなど、様々なことに興味を持ち、現在は千葉県の大学に在籍して活動中。将来の夢は福島県の活性化に貢献すること、周りの人のきっかけづくりに携わること、グローカルに活躍することである。

Ⅳ　地震・津波に向き合う

私が見たかった景色

菅原　風花

あなたはきっとまだ、志津川はいつまでもずっとのどかな景色が続くと信じていると思います。残酷だけど、そののどかな風景は一瞬にして失われてしまいます。

小学4年生のあなたは両親の故郷である南三陸町志津川が大好きで、遊びに行くたびに自然保護員だった祖父について山に行っていましたね。山菜をこんもり採って帰ったり、天然記念物のニホンカモシカに遭遇して間近で見たり。今のあなたにとっては決して珍しい体験ではないかもしれないけど、それは仙台の街中に住んでいては経験できないとても貴重な体験です。山菜の美味しさを噛み締めて、間近で見るニホンカモシカを日に焼き付けてください。できれば写真もたくさん撮ってください。

2010年の夏には親戚や従兄弟15人ほどで川にホタルも見に行きましたね。自然に飛んでいるホタルを見て、さらには触れることができるなんて夢にも思わなかったし、何より馴染みのある場所で大好きな人たちと感動を分かち合えたことが嬉しかったはずです。最後にはみんなでまた来たいねって笑って話しましたね。でもそれが叶うことはありませんでした。

2011年3月11日の午後、東日本大震災という千年に一度と言われるほど大きな地震が起こります。この震災は私が大好きだった志津川の町を一瞬にして消し去ってしまいました。志津川は海に近い地域であるため、町は津波によってほとんど流失してしまいました。両親が生まれ育った実家も、SLがあるあの公園も、ホタルを見たあの川も。緑豊かだったあの町は瓦礫で茶色く覆われた見たことのないような町へと一変しました。お正月に会うと笑顔でお年玉をくれたあのおばちゃんやいつもお菓子を買ってくれたおばあさんなど、10名ほどの親戚が犠牲になりました。

信じられないよね、十年経った今でも夢なんじゃないかなって思うことがあります。

今でも志津川に住んでいる祖母・祖父に会うために志津川には年に数回通っているのですが、以前に比べたら行く機会は大幅に減ってしまいました。行くたびに以前の街並みが全く思い出せないくらいに新しい道路やお店ができていて、残念で悲しい気持ちになります。親戚の中には志津川から出ていってしまった人もいるため、以前のようにみんなで集まることもほとんどなくなってしまいました。

両親は「2011年の夏には電車に乗せて、仙台から志津川まで一人で旅をさせたい」って考えていたんだって。「仙石線に乗っているとトンネルに入って、その先が南三陸なんだよ。トンネルを抜けると同時に、進行方向に向かって右側一面に海が突然現れるの。天気がいいと水面がキラキラ輝いていてとても綺麗だったんだよ。電車に乗っている人が一斉にうわぁ〜って歓声をあげるんだ。一回ぐらい見せたかったたな」。最近になってそんな話を聞いて、震災さえなければ私もその素晴らしい景色を見ることができていたのかなととても悔しく、そして悲しい気持ちになりました。この手紙を読んでいる日が3月11日までまだ時間があるのなら、あなたには私の代わりに歓声が上がるほどの絶景を見てもらいたいです。

私は震災が起きる前の美しい山と海に囲まれたのどかで優しい志津川が大好きです。できることなら震災前に戻って、あの場所でたくさん思い出を作りたいです。

今になって強く思います。
もっと志津川の自然の美しさを写真におさめておけばよかった、
もっとたくさん海や山に遊びに行けばよかった、
両親が小さい頃によく行ったという駄菓子屋さんに行きたかった、と。
考えだすと本当にキリがありません。もう叶わないとわかっているけれど後悔していることがたくさんあります。今のあなたはまだ幼く、ただただ自然の中で楽しいと遊んでいるだけだと思います。でもその何気ない瞬間がどれだけ幸せだったか、この先きっと分かる日がくるでしょう。10歳のあなたはまだ実感していないかもしれないけど、自然に囲まれた場所で思いっきり遊べるってとても恵まれていることなんだよ。幸せで誇らしいことなんだよ。

もしもこの手紙が10歳のまだ何も知らない私に届くのなら、あなたには私と同じ後悔を味わって欲しくないから、この手紙にある後悔を残さないように心がけて生活してほしいです。そして今の自分が置かれている環境や、周りにいてくれるたくさんの人たちに常に感謝の気持ちを持ちそれを伝えられる、そんな素敵な大人になってくれたらと思います。

20歳になった私より

作者紹介　すがわら・ふうか

2000年生まれ、20歳。宮城県多賀城市出身。震災時は10歳、小学4年生で、学校で授業を受けていた。仙台に住む家族、親戚、友人は全員無事で大きな被害もなかったが、南三陸町志津川にある両親の実家は流失、親戚も犠牲になった。震災直後から数回、南三陸の被害状況などをまとめ、その中で震災遺構のあり方や地域に及ぼす影響などに興味を持ち始める。現在は東北学院大学で地域構想について学ぶ。金菱ゼミに所属し、震災の記録プロジェクトに参加。

彷徨える十年前の君へ

雁部　那由多

自分に対して手紙を書くことは二度目ですね。一度目は10歳のとき、二分の一成人式で書きましたね。でも、十年経って過去に手紙を書くことになるとは、思ってもみませんでした。

さて、君は今、20歳を迎えています。実家を出て一人暮らしをし、大学に通うようになります。この手紙を書き始める前に、20歳の自分に書いた手紙を読みました。とても太く濃い鉛筆で、読みづらい字です（笑）。でも、何の不安もなくまっすぐに未来を見つめたんだと思うと、懐かしく思います。

その手紙では20歳の今頃、ＪＲに就職して運転士をしている予定でしたね。でも残念、今でもまだ学生なのです。夢は変わるもので、20歳になる君は社会学者を目指して学んでいます。意外でしょう？　機械いじりが大好きで、得意科目は理科と算数。夢は自分で変えたいと思わなくても、変わってしまうこともあるのです。この手紙には、君がこれから過ごす、未来を記します。

きっと、君のことだから未来のことはなんでも知りたがるでしょう。話題のスマートフォンはほぼ全員が持つようになったし、仙台の新しい地下鉄は工事が終わって開業した。君は中高大と進学して成人して友達とお酒も嗜むようになった。最近は天皇陛下が上皇陛下になって元号が平成から令和に変わった。案外、世の中は便利になっていると思う。でもね、この手紙はもっと大事なことを伝えるために書いています。君はもうすぐ、戦後最大の自然災害で被災します。

平成23年3月11日午後2時46分、三陸沖でM9・0、最大震度7の巨大な地震と大津波が起きます。東日本大震災と呼ばれ、地震が街を崩し、津波が家も車も人でさえも海へ引き込んで、死者1万8千人あまりを出したのです。君が住む東松島、君が通う大曲小学校は何メートルもの高さの波で浸水します。君自身はまだ、津波の恐ろしさなんて知らなかったね。でも、大人が津波が来ると騒ぎながら必死に避難させた3階の図書室で「ちょっと水来るだけでしょう」と友人に言い、向かった昇降口で津波に飲まれる。波ではない、黒いドロドロしたヘドロが車や瓦礫とともに猛スピードで自分に向かってくる。君は死を覚悟する。でも君は偶然にも死ぬことはなかった。正確に言えば、死ぬのは君ではなかった。その場では、君の目の前で何人もの大人が津波に飲み込まれて死んでいく。疲れ切って走ることすらできない大人たちの後ろに容赦なく津波が襲う。波に飲み込まれていく大人たちの手をつかんでも、君が一緒に死ぬだけだろう。そしてもう一人、地震の後に、大曲浜に帰って行った同じクラスの友達が亡くなる。ここまで言えばもう誰だかわかるよね。僕は学校から出る彼女に「またね」と言って別れた。彼女は津波に飲み込まれ、数日後に遺体が発見される。

君にはあえて、僕が体験してきたことを書いた。この手紙をもし、震災前の君が読むことができたら、まだ「その日」にまで時間が残されているのなら、君に繋いで欲しい命がある。災害を少しでも見つめて欲しい。津波のことを少しでも知って欲しい。この手紙を読んで昇降口に向かうことはないと信じたい。避難できたら、図書室とは反対側の音楽室から必死に叫んで欲しい。「津波が来ている、走れ」それだけできっと彼らは助かる。走れば間に合ったはずなのだから。そして君の周囲だけでもいいから、地震が来てしまったら絶対に海の方に友達を向かわせてはいけない。「またね」なんて言わず、絶対に校舎に連れ戻して。絶対に、絶対に友達を離さないで欲しい。

文字にすると、伝えたいことが山ほどあふれてくるよ。十年の重みを全部文字になんてできないものだね。十年後、20歳になった君は夢が変わっていると言った。その理由はもうわかると思うけれど、東日本大震災だ。人を見殺しにしてしまった君は、その体験に苛《さいな》まれながら、次の災害の被害を減らそう、少しでもいいから命が助かる人を増やそうと決意し、その夢を変える。簡単に書くけど、何年も悩んだし、今でも時々押し潰されそうなくらい目の前が真っ暗になる。それでも、亡くなった人の、亡くなった友達の命の意味を考え続ける義務がある。

東日本大震災は、とても辛くて、舌筆に尽くしがたい体験だった。でも、20歳になった僕はそのほとんどの出会いを、夢を支えてくれる人との出会いを東日本大震災に持っている。震災はあらゆるものを奪っていったけれど、新たに与えていったものもある。君が8歳後の世界を生きる意味だ。

この手紙を読むことがあれば、君に救える命は全て救って欲しい。できるのなら、この未来を変えて欲しい。そして、改めて、社会学者を目指して欲しいと思う。

作者紹介　がんべ・なゆた
1999年生まれ、21歳。宮城県東松島市出身。震災時は東松島市立大曲小学校5年生で、学校の講堂で体育の授業を受けていた。津波襲来までの間に一時帰宅し、避難のため再度大曲小学校へ向かった際に津波に飲まれたものの、間一髪で助かった。その際、数名が津波に飲み込まれる様子を目撃し、後日遺体の第一発見者となる。震災から3年後に語り部活動を開始し、震災伝承活動に取り組んでいる。共著書『16歳の語り部』を出版。現在東北学院大学教養学部地域構想学科2年生、金菱ゼミに所属し、震災の記録プロジェクトに参加。『震災と行方不明』に論文を寄稿。

生きてきてくれてありがとう

引地　鳳桐

小学3年生の私、元気ですか？　十年後の私は毎日とても元気にしていますよ。大学に進学して、新型コロナウイルスの影響で毎日は学校に通えず、家にいる日々が続いていますが、それでも大学に入ってから色々な友達や知り合いに沢山出会い、大切な人達にも支えられて生きています。

東日本大震災は、小学3年生の私にとって、とてもつらい経験をした一つであると言えますね。確か、私はあの時学校に残って宿題をしていたと思います。急に揺れだして、きっとすぐに収まるだろうと思っていましたが、中々収まらず同じ教室にいた先生に「早く机の下にもぐりなさい‼」と言われ、机の下にもぐっている時には声に出して泣きたいのを必死に堪えて、訓練で感じなかった本当の恐怖に襲われていました。少し揺れが収まってきて、すぐに教室を出て、みんなで校庭に集まった時に、「お父さん、お母さん、お兄ちゃん、おばあちゃん、みんな大丈夫かな」と、とても不安な気持ちで友達と話していました。その後、次々に保護者が迎えに来ました。地震が起きる直前、母は迎えに行く支度をしていたため、みんなより比較的早く、先生が母に私を引き渡してくれました。車に乗り込んだ直後、ホッとして安心したのか泣き出したことは、今でもはっきり覚えています。

家に帰ってからは、一階の部屋にみんなで集まって寝ることになり、また地震が起きてもすぐに逃げられるように準備をしていました。ただ、寝ようとしても怖くてなかなか眠れず、父や兄が交代で夜中に起きていたため、一緒に話をして気持ちを落ち着かせていました。次の日も、また次の日も情報を収集するためにテレビをつけっぱなしにしていると、東北の各地で悲惨な状況になっていることを目の当たりにしました。地震で起きた津波などで多くの人が亡くなり、人が死んでしまうことは決して当たり前ではありませんが、震災の時は毎日当たり前のように人が亡くなってしまって、とても心を痛めました。一ヵ月後にやっと学校が再開して、小学4年生として新たに学校生活を始めましたが、やはり何か月間は体験したことを思い出してしまって、今まで通り過ごせるようになるためには、少し時間がかかりました。中学校や高校に進学してからも、時々震災で被災した地域を車で通ると、父や母から当時の話を聞かされて、私もその度に当時のことを思い出していました。

まだ当時9歳だった私にとって、この東日本大震災は生まれて初めて身近に死や恐怖を感じた経験でした。震災で経験したことはとてもつらかったと思いますが、決して忘れずにあなたがお母さんやおばあちゃんになってもちゃんと伝えていってくださいね。

今の私から十年前の私にいくつか伝えておきたいことがあります。この十年間、あっと言う間に時が過ぎてしまいましたが、様々な経験を通していまは大学生になり、将来税理士になるために勉強しています。自分がここまで成長することができたのは、紛れもなく家族のおかげです。あなたが中学1年生になる頃に、日本のおばあちゃんが亡くなってしまいます。小さい頃から私のお世話をしてくれていたのに、時々わがままを言って困らせていましたし、亡くなる直前は間に合わなくて家族の誰も看取ってあげられなかったことは今でも悔やんでいます。

そして、高校2年生になると、中国のおじいちゃんが亡くなってしまいます。中国語を頑張って覚えて、いつかちゃんとおじいちゃんと話せるようになりたいと願っていた私にとって、本当に悲しい出来事です。中国に行く度に、美味しい料理を食べさせてもらってとても可愛がってくれましたし、日本に時々電話をかけてくれて、上手に話せなかったと思うけれど、それでも中国に行った時にしか会えないおじいちゃんと話せるのがすごく嬉しかったですよね。十年経った今の私は、家族にしてあげられなかったことが沢山あり、とても後悔していますが、十年前の私には決して後悔して欲しくないです し、震災で人の命の大切や尊さを学んだあなたはきっと前よりも家族を大切に思う心を持つことができたと思います。それをきちんと行動で表わすことができる人になってください ね。

小学校の頃の私は、あまり自分から何かを積極的に取り組むような子ではなかったと思います。小学6年生の時にグランドスタッフになりたいと思うようになって、中学校に入ってからは恩師である英語の先生に出会い、英語を一生懸命に勉強するようになりました。高校に進学してからも英語を勉強し続けて、国際交流にも興味を持ち、高校のアメリカ短期研修に参加するなどして様々な人に出会い、自分なりに成長することができました。色々なことを自分から挑戦してみようと思えたのは、目標や夢を持ち、沢山の人に出会えたからです。目標や夢は成長するたびに代わってしまうけれど、きちんとそれに向かって努力することが大切だから、これからも大切にしてほしいです。そして、出会えた人々に感謝を忘れないように、これからも沢山の人に出会ってください。

２０１９年10月に起きた台風19号で丸森町は被災し、特にあなたがいる地域は大きな影響を受けました。丸森町でも亡くなった方や行方不明になってしまった方がいて、より身近に死を感じることになります。震災や台風19号を通して、亡くなってしまった方の分まで、一日一日を大切にして一生懸命に生きてほしいと願っています。

今まで生きていてくれてありがとう。そして、これからも。

十年後の私　引地鳳桐より

作者紹介　ひきち・たかきり

2001年生まれ、19歳。宮城県丸森町出身。震災時は小学3年生で、学校の教室から校庭に避難した。自宅では再び地震が起こることに備えて、家族全員一階で生活し始める。発電機があり電気には困らなかったが、断水のため山形県や白石市の温泉に行く日々が続いた。現在は仙台市内の大学に進学し、一人暮らしをしながら新しい仲間と共に切磋琢磨する日々を送っている。

震災が人生の分岐点

佐藤 広一郎

今から十年前の自分、2010年の小学4年生の自分は何をしているんでしょうか？ きっと、全校生徒が30人を切っているとても小さな小学校で、来年迎える閉校式の準備をしている真っ最中なのではないでしょうか。結論から言うと、残念ながら閉校式を行うことはできません。2011年の3月11日に発生した東日本大震災により、私とあなたの住む岩手県陸前高田市は壊滅的な被害を受けました。あの時のあなたは、訳もわからず、毎日毎日大人に頼って生きていくことしかできませんでした。あの時のあなたの心情、まわりの状況、両親の安否、これからのこと、明日のこと、そんなことを真剣に考える余裕なんて、10歳の子供にできるはずがありません。もう20歳になる自分ですら、それらを全て考え、行動することなんてできません。私はあの時のあなたよりも成長できているのでしょうか？

あの日、２０１１年3月11日午後2時46分、あなたは3、４年生の教室で帰りの会を行っている最中でした。あの時の地震の大きさ、揺れ、音、恐怖は今でも忘れることができません。あの重い教材用のブラウン管テレビがいとも簡単に支えから離れ、大きな音を立てて落下したこと、避難したあとの校庭の長い長い地面のヒビ、防災無線の悲鳴にも聞こえた最後の声。それら全てが、今も鮮明に頭の中を駆け巡ります。幸い、あなたは母方の祖父母の家に引き取られ、それから数ヶ月の間、余震やガソリン不足などに悩まされながらも、安全な生活を送りました。また、あなたの友達をはじめ、家族、親類、知人の皆さんは震災の被害を受けたものの、命を奪われた人はそれほど多くありませんでした。父には震災当日の夜に会うことができましたし、母も震災後に発信された携帯の情報で安否確認を取ることができました。祖父に連れられいつもの数倍時間をかけて母の仕事場まで行き、母に再会することができた日、震災後初めて涙を流しました。

あなたはあの最悪な状況下で、人に恵まれ、助けられ、決して悪くない環境で生活をすることができました。しかし、あなたがただ周りに恵まれ、助けられているほんの十数キロ先では数千数万もの人々が犠牲になりました。あの時のあなたは、震災を踏まえ、震災を経験し、震災から復興を行う中で、何かを成し遂げるにはあまりにも幼すぎました。あなたが幼かったこと、何も出来なかったことは決して悪いことではありません。先にも書いたように、もう20歳になる今の私ですら、あの状況下で出来ることは限られています。それらを自分でも十分に理解しているつもりですが、それでもなお、なぜ何も出来なかったのかと未だに思うことがあります。20歳になるもう大人の自分が、まだ10歳のあなたを責めるのは甚だおかしなことです。それでも、なぜあなたは、自分は、何も出来なかったのか、どうしても責めなければならないのです。

震災後、あなたが四年間を過ごした小学校は閉校式を行わずに閉校しました。同じく近隣の閉校した三校を統合し、新しくできた小学校にあなたは入学します。祖母に連れられて入学前のオリエンテーションのようなものに参加した際、校庭には遺体安置用のプレハブが所狭しと並んでいました。また、あなたが四年間を過ごした小学校も、震災後数日で遺体が溢れました。新しい小学校の二階からは、津波の爪痕をはっきりと、生々し過ぎるほどに見ることができました。海が見えないはずなのに、嫌な海の臭いがしていました。母に連れられ、震災後の陸前高田を見に行った時は、車の窓から見えるあの光景、錆びた鉄の臭い、赤く変色した木、ドロドロした水溜まり、潰れた車、粉々になったコンクリート、吐きそうなほどの生々しさのあるあの光景。10歳のあなたは、あの最悪な状況を見た上で、幼いなりに、子供なりに考え、行動を起こしたのでしょう。あの頃が、人生の分岐点だったような気がします。

あなたはもともと人見知りをしない性格でした。人と話すことはもちろん、大勢の前で話すことも臆せずに行っていました。それは誰にでもできることではありません。あなたはその自分の長所を活かし、小、中、高と児童会や生徒会に所属しました。震災後の児童会、生徒会に着任した者の責務なのでしょうか、数え切れないほどの震災関連の行事や取り組み、活動に参加しました。それら全てに意味があったとは言えません。学校の先生が自己満足しただけの行事もたくさんあったでしょう。小、中学生が考え、自分たちの活動自体に満足していた時もたくさんあったでしょう。本当にやる必要があるのか、求められていることなのか疑問に思ったこともあるでしょう。中学生という性質上、どうしても納得できないことも多々ありました。それでもなお、あなたは自分なりに努力し、活動に取り組み、少しずつですが着実に力をつけました。

高校では生徒会長と水泳部の部長も務めました。高校生である以上、小、中学生とは比較にならないほどの期待を背負わされました。海外の学生との交流や震災関連の部の遠征など数え切れないほどの経験をしました。しかし、それでもあなたはやり遂げました。決して輝かしい成果を残したわけでも、誰からも尊敬されるような人間になったわけでもありません。ですが私は知っています。私が一番知っています。あなたは本当によくやり遂げました。

高校を卒業し、大学生になった今でも、日々あなたは頑張っています。おそらく今の私を作り上げたのは、あの震災を経験した上で、人生の分岐点を迎えたことでしょう。普通の人は小、中、高の三回も生徒会に所属したり、生徒会長と部長を兼任したりしません。その全ては、あの時何も出来なかった自分を責め、そして戒め、二度とそんなことがないようにするためなのではないでしょうか。一回目は何も出来なかった、しかし次は、次こそは、もう幼いという言い訳はせずに、力を発揮したい、そのためにあなたは、そして私はいま努力しているのです。

あなたが持っている将来の夢と、今の私の将来の夢は全く同じではありません。この十年で何度も夢は変わりましたが、今の段階では、似たような、共通性のある夢にたどり着いています。少なからず震災からの復興に関わってきたあなたと私は、今後どのように震災復興に関わっていくのでしょうか。次こそはという意気を持った私に、次は訪れるのでしょうか。次が無いということは非常に良いことですが、少なからず発生する危険性を秘めています。あなたからあまり成長していないように感じている私も、いずれは一役を担う時が必ず来ます。そのために、今はただ力をつけ、次に備えていきます。
あなたに対して、この十年の出来事と、ただの叱責と、これからのあなた、そして、私が進んでいく目標を示した内容でしたが、いかがだったでしょうか？　この手紙の内容があなたに届くことは決してありませんが、あなたは私が生きてきた十年をこれから経験します。辛いこと、楽しいこと、嫌なこと、嬉しいこと、たくさんありました。今では自分にとっての大切な人、守りたい人、守るべき人、私が守らなければならない人もたくさんできました。その人たちのために、私はこれからも何が出来るか、何をするかを考えて生きていきます。あなたも大変でしょうが、自分なりに頑張ってください。それが最終的には誰かのためになると、私は信じています。大切な人のために、何より自分のために、精一杯生きてください。

十年前の広一郎へ、十年後の広一郎より

作者紹介　さとう・こういちろう

２０００年生まれ、20歳。岩手県陸前高田市出身。震災時は10歳、小学４年生で、自分や身内、知人等に大きな被害はなかったが、両親の会社や通っていた学校が被災して影響を受けた。小中高と生徒会に所属し、震災関連の行事や取り組みに多数参加した際に考えが変化し、東日本大震災の被害を受けた地域の復興に関わりたいと思うようになった。陸前高田市は復興の最中だが、未だに津波の爪痕が残っており、被災した施設などは震災遺構として活用されている。現在、仙台市内の大学に通っているが、将来は小中高で培った能力や大学で学んだ専門性を活かし、陸前高田市を中心に、岩手県や東北地方の復興や事業に力を入れたいと考えている。

大事な思い出が一瞬で海の底に

西城　皇祐

自分宛に手紙を書くというのは、なかなか難しいなと思いながらこの手紙を書きます。難しいかもしれないけれど、それ以上にこの手紙を読む皆さん、そして、できることならば十年前の自分に伝えたいことが山のようにあります。

元気にしていますか？　今日も朝ちゃんと起きて学校に行ってますか？

あの日から時が流れ、私はいま23歳になりました。高校・大学と進み、無事社会人になることができました。

２０１１年３月11日、お前は中学１年生だな。その日は午後から卒業式の準備をするはず。校舎三階で祝電を整理する作業をしているときに２時46分を迎えることになる。２０１１年３月11日２時46分に大地震が来るよ。そして大津波も来る。何言ってるか意味わかんないと思うけど、津波で家が流されるよ。町全部が海に沈んだようになるよ。だまされたと思ってとにかく信じてほしい。今のまま、何もしなくても家族は助かるよ。「家族は」ね。残酷な話になるけど、親戚、友達のお父さんお母さん、その他にも自分の知ってる人って考えれば、津波で流されて沢山の人が亡くなってる。その人たちを地震が起きてから助けに行けとは言わない。みんなのもとに行くなんて不可能だし、自分が助からないと本末転倒だし。でも、できることはやっておいて。みんなに話をして。地震が来たら、津波が来る。想像できないくらいの大津波が来るから、海から離れてようがなんだろうが高いところに逃げろと。３月11日の前に話しておいて。家の二階とか、大事建物の屋上とかに居れば助かるとかそういう次元じゃないから。忘れ物したとか、大事なもの家に置きっぱなしだから戻って取ってくるとかありえないから。そういう人が流されて亡くなってるから。まだ見つかってない人だっているんだからね。助かる人を一人でも増やせるように自分ができることは全力でやってくれ。

周りの為にっていうのももちろんだけど、自分が後悔しないようにやっておくべきこともあるよ。ずるい人だとか、夢見すぎだとか言う人もいると思うけど、大事なものは津波が来ないところに持って行っておくこと。グローブとか野球用品も全部流されちゃったからね。その日はちょうど部活がない日だったからね。でも、一番大事だなって思ったのは思い出だね。小学校の卒業アルバムもないし、いろんな思い出が一瞬で海の底だから悲しいよ。


地震が来た後、想像を超えるような津波が町を襲ってくる。中学校のすぐ下に家があるからお前は戻ろうとするけど、そんなことは考えなくて大丈夫。家族は全員助かります。体育館で待機していると、ばあちゃんが家が流されたって言ってくるからね。それぱっかりはもう、どうすることもできないから。

その後一晩は教室で過ごすことになるよ。電気も水道も使えないからね。覚悟しておくこと。もちろん、暖房も使えなくて寒いからね。その日は3月なのに雪降ったからね。

その夜は、想像できない今まで経験したことのない、恐らくこれからも経験することのないくらい長い夜になるから。いつ夜が明けるんだろうとか、本当に朝になるのかとか思うけど、助けは必ず来るから信じて体を休めておいたほうがいいよ。同級生と一緒にろうそく一本灯された教室で、みんなで身を寄せ合って過ごすだろうね。

夜が明けたら、お父さんとじいちゃんが迎えに来るから。校門出て目に入る景色に絶句すると思う。だって何もないんだもん。中学校のすぐ下にあったコンビニも、自分の家も何もかもが無くなってる。意味が分からないと思う。道路の真ん中に屋根があったり、道端に人が転がってたり。教科書とかで見る戦災の景色って言ったら想像つくかもね。そんな道なき道を歩いて、お母さんの実家までとりあえず向かうでしょう。お前はまだ幸せな方だからね。家族全員流されて、誰も迎えに来ない友達だっているだろうし、行くあてがなくて避難所生活になる人だっている。自分の家じゃなくてつらいかもしれないけど、周りをよく見てみろ。大変なのは自分だけじゃないよ。

震災が起きる前に、同級生といっぱい遊んでいっぱい話しておくこと。その日が会える最後の日になる友達もたくさんいる。離ればなれになって会えなくなってる友達が十年たってもいるからね。

それからしばらく居候の生活になって、仮設住宅に入居するでしょう。不自由が沢山ある生活になるけど、それをいろんな言い訳にしないで一日一日を大切に過ごすこと。普通の生活がいかに貴重なものだったのか痛感するから。毎日おいしいご飯があって、お風呂に入って、布団で寝られることがどんなにいい生活なのかに気付けると思うよ。


長くなっちゃったけど、いろんなことがあっても十年後のお前はなんとかやってるよ。でも、ここまで来るのに辛いことや理不尽なことが沢山あった。日常生活だって、続けていた野球でも何度も嫌になって辞めたくなったこともあった。けれども、続けていなかったら得られなかったことも沢山ある。「嫌だから、めんどくさいから」って辞めたらそれまでだしね。その程度の人間どまりになるよ。

十年前の自分は、しなくてもいい経験をしたのかもしれない。でも、その経験を十年後の人生に活かすか活かさないかは、お前がちゃんと考えればわかるはず。自分に嘘をつかず、恥ずかしくない、後悔しない人生にすること。

今の人生悪いことばっかりじゃないから、十年前の自分よ「お前の行動で未来まで変えないでね」。私は、楽しく生きてます。

作者紹介　さいじょう・こうすけ
１９９８年生まれ。23歳。宮城県南三陸町出身。震災時は中学1年生で、家族は全員無事だったが、自宅を流失。高台の母方の実家で避難生活を送り、仮設住宅に入居。大学在学時に、震災体験伝承の講演会に講師として参加。また、休止していた南三陸町の夏祭りで「トコヤッサイコンテスト」復活に携わる。大学を卒業し、現在は民間企業に就職。「いつか南三陸に戻り、町を活性化させたい」と思っている。

いま一緒にいる時間を大切にしてね

佐藤　美南

23歳の私から13歳のあなたへ、いま伝えたいことを書こうと思います。23歳の私はというと、宮城県気仙沼市に住んでいます。就職をし、毎日楽しく仕事をしています。とても幸せと感じながら毎日生活をしています。きっとあなたは「当たり前だろう」と思っているかもしれませんが、当たり前の毎日なんてないからね。

2011年3月11日、あなたは生まれ育った宮城県南三陸町で東日本大震災という災害で被災します。家族の命は皆助かったけれど自宅は津波によって流されます。見慣れた街の景色やたくさん遊んだ公園も全てなくなります。早く南三陸町から出て都会で暮らしたいなんて思っているなら、それでもいいから、だからこそもっと全身で街の空気を感じてほしいし、松原公園や海の公園で思いっきり遊んでほしい。後悔だけはしないようにね。だけどね、あなたはこの大震災をきっかけに南三陸町が大好きになるよ。離れたくないって思うようになるんだよ。友達や家族、あなたの周りにいる人の存在の大切さに気付くことができるんだよ。

2011年3月11日14時46分、これまでに経験したことがないくらいの揺れと津波に襲われました。その日はどれだけお腹が空いていても何も食べることができなくて、お風呂にも入れなくて家に帰ることなんて当然できなくて、明日のことなんて考える余裕もなかった。まだ状況なんて理解できていなくて、夢なのかな、とか思ったけど全部現実だと理解できたのは、その日から数日経った時。地震の次の日には家族に会えたけれどこれまでの生活とは一変。その時はとにかく『今』を生きるしかなかった。

あの日からこの手紙を書いている今日まで、本当にたくさんの人と出会うことができています。震災がなかったら出会うことができなかった方がたくさんいます。自衛隊の方、ボランティア、私の語り部を聞いてくださった全国、世界の方々。今でも繋がっていることができているることに感激です。震災がなければ友達や家族すら大切にできていない私でした。友達とはいつも喧嘩をしてばかりで家族には反抗ばかりをしていて。だけど震災でたくさんの方が亡くなり、その中には私にとって大切な人もいて、なんの覚悟もできていないうちに喪ってしまう辛さ。これから先たくさんの人の死を見ていくことになるけど、その中でもなんの前振りもなくとっても元気だった人の突然の死が、一番受け入れるまで時間がかかった。その時あなたは今、私のそばにいてくれる人を一人一人と向き合い大切にしていこうと決めました。この決意は十年経った今でも守ることができているし、これから先も絶対に守り抜こうと心に決めています。

13歳のあのタイミングで震災に遭い、たくさんの方と出会うことができたから今の私があります。地元の大切さ、小さいことでも感謝を持つこと、後悔をするような生き方をしないこと。震災を一緒に乗り越えることができている友達や南三陸町の方、家族によって教えていただいたこと。そして私の語り部を聞いてくださった方には、自分の思いを素直に人に伝える勇気と大切さ、とにかく今を楽しく生きるということを教えてもらいました。

まだ23歳の私から13歳のあなたへ、特別かっこいいことは言えないけれど、今あなたのそばにいてくれる友達や家族は当たり前にそばにいるんじゃないよ。いつ失ってしまってもおかしくないんだから、いま一緒にいることができる時間を大切にしてね。

当たり前なんてない。とにかく今という時間を大切に。楽しく生きてくださいそしてあなたのその笑顔で、ひとりでも多くの人を笑顔にしてあげてください

作者紹介　さとう・みな
1997年生まれ。23歳。南三陸町志津川出身。震災時は中学1年生で、いったんは地元を離れ

るも地元愛に気づき、志津川高校へ進学するために南三陸町へ帰る。高校1年生の時に学生語り部団体『まずもって、かだっからきいてけさいん』で副会長として活動。これまでに国内外約1万人に震災について語ってきた。南三陸町が好きな高校生が集まる『COM』の結成にも携わり、地元の良さをアピールする活動や、後世に震災を伝える絵本作りなどの活動をしてきた。2013年より南三陸町の夏祭りで町民参加型イベント『トコヤッサイコンテスト』を実行委員長として開催した。現在は気仙沼市在住。

今の私は東日本大震災からつながっている

平塚　宏美

　東日本大震災後、震災前から働いていた地元のユニクロでそのまま働いていたけれど、やっぱり中学生からの「夢」だった青年海外協力隊に応募してみることにした。大学卒業後何度も試験を受けていたが、面接で落ちていた。家族はきっと心配だったと思うが、就職しなかったのも、この青年海外協力隊として発展途上国で子ども達の役に立ちたい、子どもたちに私の特技であるバレーボールを通じて伝えたいという強い思いがあったからだ。

　そのために、高校も進学校を選び、大学では、バレーボールの指導だけでなく、日本について海外に正しい情報や知識を伝えるため、日本語や日本の文化など日本語教育課程を受講し、指導できる技術と知識を学んだ。大学時代に参加した青年海外協力隊の短期ボランティアとしての一ヵ月は本当に楽しく、もっとたくさんのことを伝えたいとより強く思うきっかけとなった。

震災後は、できることならこの青年海外協力隊に参加し、二年間海外で見聞きし、感じたことや学んだことを地元の復興に役立てたいと漠然と考えていた。というのも、震災後の私の生活は、まだみなし仮設に住んでいて周りの状況もあまり変わっていなかったからだ。津波で流された実家は、そのままで道の整備もまだまだできていなかった。テレビでは復興に向けて日々頑張っているという報道が多くされていたことを覚えている。

しかし、自分自身何をしたらいいか正直分からなかった。地元渡波で震災のがれきを撤去するボランティアに参加したりしたが、役に立てているのか実感は持てなかった。自分は一体何ができるのか考えると、何もできないのではないかと思った。誰かの役に立ちたい、力になりたいという思いだけで、今の私には経験も知識も何もないのだと感じたのだ。だから、もともとの夢だった青年海外協力隊に参加することをもう一度決めた。

震災前から青年海外協力隊には合計七回応募し、落ちていた。青年海外協力隊の短期ボランティアとして二回バレーボール隊員として参加した経験がある。一ヵ国めはブータンで、もう一ヵ国はニジェールである。どちらもすでに派遣されている隊員がいて、私にはその皆さんが生き生きしていて輝いて見えた。一人で考え、子どもたちやコーチに指導する姿は、憧れでしかなかった。でもいろいろ話をしてみると大変な思いをしたり、思い通りにいかず悩んだり、帰りたくなったり、その国の人ともめたり、いろいろ経験したと言っていた。それでもその困難を乗り越えたという「自信」が見えた。本当にかっこよく見えた。

2011年9月に応募し、書類選考、面接を経て、2012年2月青年海外協力隊の青少年活動という職種で「モンゴル」に派遣されることが決まった。面接官にされた質問は、「あなた自身も震災にあっていま地元は大変でしょ。それで海外に行く必要があるの?」であった。私は「震災で多くの国から温かい言葉や物資、寄付などがあったことを知っている。彼らの生活から寄付金を出すのは本当に大変なことなのに募金してくれたことを考えると、被災した私ができることは、これだけ日本は強いんだよ。元気なんだよ。そして恩返ししたいと思い、今回応募した」と返答した。「そして帰ってきたときに地元の復興の為に働ける人間になっていたい」と言った。これまでずっと落ち続けていた私だが、初めて合格した。その後、65日間福島県の二本松市JICA研修所でモンゴル語の勉強や様々な講習を受け、ついに2012年9月にモンゴルに向かった。

9月のモンゴルは初雪が降っていて本当に寒かった。モンゴルはマイナス40度になるくらい寒い国だ。私たち日本人からすれば、一年の半分くらいが冬のような気候だ。寒い国だから体育館などは整備されている。私は、ほぼ毎日バレーボールの指導を行った。初めは小学生の男女に教えていたが、最後には女子のみの指導に切り替えた。男子は短気で、指摘するとすぐ怒り帰ってしまう。女子にボールをぶつけても謝らない文化である。本当に大変だったことを挙げればきりがないほどだ。それでも私のバレーボール教室に毎日来てくれる子もいて、それがせめてもの救いだった。

同期で派遣された他の職種の隊員がいたことも本当に救われた。みんな同じ悩みやうまくいくこといかないことを話したり、週に一回日本料理を作って一緒に食べることが習慣になって、その集まりが情報収集にもなった。モンゴル語が上手に話せるわけでもないし、文化が違うから勘違いしたりさせたりすることもある。二年間生活しないと本当にわからないことだらけだった。

それでもたくさんの教え子ができた。たくさんの友人ができた。たくさんの思い出ができた。現地に行かないと感じられないものがたくさんあって、そのすべてが自分の自信や糧になっている。何度泣いたかわからないし、何度笑ったかわからない。モンゴルにいた二年間の日本のことは、全然わからない。何の音楽が売れたのか、どんなドラマをやっていたかわからないけど、モンゴルでのこの二年間は人生の中で最高に充実した二年間だったと思う。

平成26年の10月日本に帰国した私だが、帰国する少し前にその国のＪＩＣＡ職員で私たち隊員のサポートをしてくれていた企画調整員の方がふと「丹野さん（旧姓）って宮城県出身だよね。震災の復興の仕事に興味はある？」と声をかけてくれた。私は「できれば帰国したら、地元の復興のために働きたいと思っています」と話した。そして薦められたのが、復興庁の仕事だった。

私にできることが何かあるかわからないけれど、マッチングしてくれるのは復興庁の方だからと聞き、応募してみることにした。大学で学んだことや専攻したことを履歴書に書いた。帰国してすぐに応募した。運よく女川町役場でコミュニティの形成という分野で募集があり、私を採用したいという通知があった。その人事担当の方が元青年海外協力隊の方で、こまめに連絡してくれてとても親切にしてくれた。

復興庁採用の女川町役場派遣となった私だが、役場にはその当時私を含めて8人が在職していたが、協力隊が6人と過半数ですぐに意気投合することができた。その後も仕事や私生活で知り合った元協力隊という方は意外と多く、元協力隊というだけで「この人もきっと悩んで乗り越えた人なんだ」と経験したからこそわかる〝尊敬〟と〝親近感〟を感じる。日本でもこの元協力隊員たちが協力し合った地元でイベントをしたり、面白いことを企画して参加することができた。

海外から帰ってきて急に公務員になって、周りからも変わり者扱いされていたのはわかっていた。でも、海外で言葉も通じない、思い通りにいかない、試行錯誤して生活してきた私にとっては変人扱いされるのは、苦になるほどのことではなかった。自分自身が精神的に強くなっているのを感じた。一生懸命仕事をして認められるように頑張ろう。私は、海外から来た「よそ者」と同じなのだから、と思うようにして、走り続けた五年間。私が復興の役に少しでも立てたのかわからないけれど、震災後たくさんの経験をして、たくさんの人に出会い、刺激を受け「今の私」がいることには変わりない。きっと青年海外協力隊にずっと落ち続けたのは、海外に行くタイミングではなかったのだと思う。それは、協力隊に参加することが夢のゴールになっていたからだ。でも、東日本大震災を経験して、地元の復興の手助けをしたいと思えた。そしてその思いは今もずっと変わらない、そしてずっと走り続けられる原動力になっている。

東日本大震災は、多くのものを私から奪ったけれど、多くの大切なことに気づかせてもくれた。家もなくなり、おじいさんやたくさんの大切な人が亡くなって悲しみに包まれていた私に、私の成長過程にとって大切な出来事にめげずに、思うがままに進んで行け！と伝えたい。

作者紹介　ひらつか・ひろみ

1986年生まれ、34歳。宮城県石巻市渡波出身。兄と栃木県への旅行の帰路中に地震に遭遇した。石巻市近くに入ると街中が浸水し、翌朝ようやく帰宅した。自宅は床上浸水2mにも及び車や自販機が突っ込んでいた。父は自宅にいたが、母はおらず3日間連絡がとれなかった。避難所で情報を収集しながら向かった雄勝町名振のコミュニティセンターで、母と会うことができたが、そこで祖父の死を知る。『3・11慟哭の記録』に手記を寄稿（旧姓丹野）。青年海外協力隊員としてモンゴルに2年間派遣され、子どもたちに日本語とバレーボールの指導を行う。帰国後、女川町役場（復興庁3年、任期付き職員2年）で災害公営住宅等のコミュニティ形成を手助けするなど、日々仕事に奮闘している。

知恵を絞れば苦しみを乗り越えられる

松宮　健一

あれから九年半。長くて短い九年半だった。まもなく十年になる。あの日のことや関連する出来事を思い出すと、あの頃の私に伝えたいことがたくさん浮かんでくる。

平成23年3月11日、私は伊達市の公立中学校で勤務していた。その日は卒業式。教務主任として初めての卒業式を終えた私は、緊張から解放され、残務整理をしたり、他愛のない卒業生の思い出話を同僚としたりしながら職員室で過ごしていた。「今晩の『卒業を祝う会』は盛り上がりそうだ」「卒業学年の函館旅行はうらやましいなあ」といった会話が飛び交っていた14時46分ちょっと前。職員室にある携帯電話から、けたたましい緊急地震速報が鳴り響き、それまでに感じたことのない恐怖感が私を襲った。

さらに一年ほど遡り、平成22年2月28日、剣道部の顧問をしていた私は、部員を引率し、宮城県岩沼市のビッグアリーナで、宮城県中学校体育連盟が主催する錬成会（試合形式の強化練習会）に参加していた。錬成会は2日目最終日を迎えていたのだが、私の記憶では残り数試合となり、気合いを入れ直していたとき、錬成会事務局から次のようなアナウンスがあった。「宮城県沖に大津波警報が発令されました。選手及び関係者の安全を確保するために、錬成会はこれで終了とします。気を付けてお帰りください」。この警報は、チリ沖の地震が要因となっていたものである。東日本大震災を経験した私たちは、このアナウンスを当然と受け止めることができるが、当時の私や参加者の大半は、せっかく県外から強豪校が集まっているのに途中で終わってしまうのはもったいないと思っていた。「津波は来るはずない……」と。まずは、その時の私に言いたい。

「お前は引率者だ。警報が発令されるのは危険だからだ。真っ先に考えなければならないのは、生徒の安全だ。結果的に津波は来なかった。であるならば、津波がいかに危険であるかを過去の事例をもとに生徒に教えるのがお前の役割だ。三人の小学生の父でもあるお前は、津波は本当に危険だから予定より早く帰ることになったことを我が子や家族にもきちんと説明すべきだぞ。安全を最優先に考えることは命を守ることだ。命は何事にも代えがたい尊いものなのだ」。

3・11。緊急地震速報後の激しい揺れは恐怖であった。職員室がメチャクチャになった。外に出ると煙が上がっているのが見えて、救急車や消防車のサイレンが聞こえてきた。たまらなく不安になった。生徒は全員下校したが、無事なのか。家族は、我が家は無事なのか。電話は一切つながらず、確認のしようがなかった。職員室に戻り、テレビをつけた。すると、津波に街がのみこまれる映像が流れてきた。絶望に近い感情が私の中に渦巻いていた。その後の原発事故の映像を目の当たりにしたときにも同様の感情になったことを覚えている。あの日を迎える前の私に言いたい。

「災害への備えは、常日ごろからやっておくことが大事だ。避難するときに必要なものは誰がどこに保管しているのか、足りないものはないのか、学校でも家庭でもわかるようにしておくべきだ。災害時には、携帯電話がつながらない場合がある。災害時にはどこに避難するのか、家族で確認しておけよ。携帯電話がつながらなくても、公衆電話やメールの方がつながりやすい場合があることは知っておくといいぞ。災害用伝言ダイヤルの使い方も確認しておけよ。停電や断水になれば生活は大変だ。物資の調達が難しくなることがある。食事も十分にできない、風呂にも入れない、ガソリンも買えなくて外出ができない……ということだってあるんだ。けれども、その苦しみに遭遇したとしても、生きていれば必ず乗り越えられる。自然災害は怖い。人間は自然には勝てないが、知恵がある生き物だ。だから、関東大震災や阪神大震災があっても復興を遂げてきた。自然災害により恐怖や不安に駆られたとしても、命があれば、人間は苦しみを乗り越えることができる。絶望する必要はない。苦しみに始まりがあれば、必ず終わりもあるのだ」。

伝えたいことを述べてみたが、「苦しみに終わりがある」という言い回しにはやや抵抗がある。特に福島県の復興は道半ばであるからだ。福島県の苦しみは終わってはいない。しかしながら、少しずつ元の姿を取り戻しつつある。平成から令和へ。新しい時代になっても、東日本大震災を教訓として、それぞれの地域の実情に応じて、どうすれば命を守れる可能性が高まるのかを受け継いでいかなければならない。コロナ禍にあっても、命があれば、人間は知恵を絞ることができる。知恵を絞れば苦しみを乗り越えることができると信じたい。私たちは、多くの犠牲の下に生きているのだから。

作者紹介　まつみや・けんいち
１９６７年生まれ、53歳。震災時は福島市岡島在住、勤務先の福島県伊達市の中学校で被災。校舎は耐震強度に優れ、倒壊の恐れなどはなかったものの、大きなガラス・壁の破損や、柔剣道場の畳に天井から金具が落下して突き刺さっていた光景は忘れられない。被災直後に休校のお知らせをＰＴＡの地区委員宅に届けたが、その最中に巨大な落石現場を目の当たりにして、震災の恐怖を実感した。勤務先の関係者や自分の家族は無事だったが、福島県浜通りに住む友人や知人に津波の犠牲者があり、今も心が痛む。家族は父、妻、息子と娘２人。震災時小学生だった子どもたちでさえも、教室の水槽から水が飛び出したり、清掃用具入れが倒れるなど、当時の記憶と恐怖は今でもはっきりと残っている。

あとがき

あれから十年の月日が経とうとしている。あの日のことは過ぎ去った過去だろうか、それともいまだ超えることができない今なのだろうか。東日本大震災に直面した人たちが手記という形で筆を執ったプロジェクトの企画は三度目である。２０１２年『３・11慟哭の記録』、そして六年後の２０１７年に亡き人への手紙をつづった『悲愛』、そして今回は、十年前の自らに記した過去への手紙である。十年前の自分からすれば、突然未来から届けられた「タイムカプセル」である。きっとその手紙に目を白黒させて戸惑ったり、不審に思うだろう。けれどもいつもとは違う切迫感に満ちた手紙を手にした時、真剣に受け取るに違いない。

この多くの手紙は開けてそっと閉じてしまうような内容で、決して起こってはいけない現実である。十年前に宛てられた未来からの手紙は、「時間《タイム》」を巡る格闘の物語である。

まるで傷が治るがごとく、普通に時間が経過すれば、人を癒し、平穏無事に過ごすことになり、災害はやがて災害でなくなるのかもしれない。けれども、次に示す二つのことはそれを明確に否定する。

震災から七年が経った2018年に、ニュース番組を見た女性からメッセージをもらった。そのニュースは、震災のご遺体の検視にあたった医師がその当時は溺死として死亡診断書を作成したが、法医学の観点から見直したとき、低体温症で亡くなった人もいたということであった。それを見たご遺族は動揺を隠せなかった。

「母は、低体温や凍死で亡くなった可能性が高いのではないでしょうか？　そして、私はあの時すっかり亡くなったものだと母を扱っていましたが、もしかしてたどりついたあの時に、もっともっと身体をさすっていれば、もっともっと温めていれば、担いでも連れ帰っていれば、もしかしたら助かったのではないでしょうか？　今そのことに気付かされ、とても苦しいです。答えを求めているのではありません、聞いて欲しかったのです」という文面であった。

可逆的に時間を遡ることができるということを、七年の歳月を経て自身のなかで突きつけられ、揺さぶられたのである。

もうひとつ。震災から五年後、亡き人への手紙である『悲愛』の出版準備の際に、教えてもらったことである。年数が経つにしたがって、手紙を書くことは軽くなるどころか重たくなるくだりで、当時の愛娘に向けて平仮名で書くのか、それとも五年経ったいま、漢字で書いていいのか、そこから迷ったという戸惑いである。私はその時に書きたくても書けないことを、遺族の方が抱える二重の時間（止まった時間と進んだであろう時間）、交わらない時間について深く考えさせられた。その時それは、私にとって答えのない問いであった。

しかし、娘さんの妹が中学生になり、お姉さんの年齢を越えてしまった。２０２０年『石巻学』にその妹さんが投稿した小説「真っ白な花のように」のなかで、時間との向き合い方をしばし考えさせられた。

小説の設定では、病気で亡くなった姉が、幽霊として妹の前に現れる。幽霊は大人の目には見えず、お父さんお母さんは日常生活を過ごしていて淡々と対応している様子が描かれている。自分がお姉ちゃんの年齢を越えて、姉と妹が逆転してしまったことにどのように向き合うのかと読みすすめると、呼称も逆転して姿かたちのままに沿わせている。つまり、妹は姉として二重の時間と二人の役割を演じ、姉は時間が止まったまま妹として接する。

幽霊だと未だ気づかず、なお一緒に現実世界に留まろうとする姉に、妹は事実を事実として伝え、幽霊の姉に向かってもう「限界だ」と吐露する。そして、その優しさに甘えてしまったらみんなが幸せになれないと心を鬼にして、神様に託しながらも自ら姉と訣別していく。そのまま大好きな姉といることもできたのに（まるで夢のようだけど現実として）、自分が姉ではなく妹として生きる覚悟として、まるで二重のねじれた世界に終止符を打つかのように決意表明をおこなっていくのである。

　十年前の手紙は、この震災におけるそれぞれの十年という歳月との向き合い方を示している。それは決して単調なものでなく、ときには格闘し、ときには悶え、ときには留まって考えようとした痕跡である。ある人は凄惨な出来事をきっかけとして変わった人生を振り返る。ある人はこの十年間の積み重ねや出会いを否定してまで、十年前の平穏無事な日常に戻ることを切望する。この手紙のある種の「残酷さ」は、十年に及ぶ人生と、それ以前の人生を天秤にかけてどちらを選ぶのかという選択を時として強いられる点にある。

　また、災害の教訓とは何かをも伝えてくれている。つまり、多くの地域やかたりべ活動を通じて、災害を経験していない人に災害を伝えようとしている。そのことがいかに難しいのかをこの手紙は教えてくれるだろう。災害の恐ろしさや爪痕の深さを一番よく知っているはずの被災者が、それを知らない当の本人に対して直接伝えることの難しさである。自分ならどういうふうに伝えたら、二度と同じ自分を作らずに済むのだろうという格闘や工夫が、この文章のなかに込められている。読者のみなさんはそれを、その人になり代わって災害の意味として噛みしめることになるだろう。


コロナ禍が拡大していく仙台にて　２０２１年１月１日

金菱　清

東北学院大学　震災の記録プロジェクト

2020年度金菱清ゼミナール　4年生
　石田　晃大（いしだ・こうだい）
　牧野　大輔（まきの・だいすけ）
　茂木　大地（もぎ・だいち）
　福田　浩也（ふくだ・ひろや）
　関　颯都　（せき・はやと）

同　2年生
　雁部　那由多（がんべ・なゆた）
　佐藤　雪音（さとう・ゆきね）
　菅原　風花（すがわら・ふうか）

卒業生
　松永　祐太朗（まつなが・ゆうたろう）

庄司　貴俊（しょうじ・たかとし）
　東北学院大学大学院人間情報学研究科博士後期課程修了　博士（学術）
　現在　東北学院大学非常勤講師，山形県立米沢女子短期大学非常勤講師
　専攻　社会学，環境社会学，災害社会学
　主論文「原発被災地で〈住民になる〉論理——なぜ農地への働きかけは事故以前と同じ周期リズムで続けるのか」『環境社会学研究』24号：106-20, 2018;「原発被災地において農地の外観を保つ理由——福島県南相馬市X集落の事例」『社会学研究』103号:165-87, 2019.

編集協力（Special Thanks）
　髙橋　匡美（たかはし・きょうみ）
　松本　真理子（まつもと・まりこ）

編者紹介

金菱　清（かねびし・きよし）
1975年　大阪生まれ
関西学院大学大学院社会学研究科博士後期課程単位取得退学　社会学博士
現在　関西学院大学社会学部教授
(2020年3月まで東北学院大学教養学部地域構想学科教授)
専攻　環境社会学・災害社会学
主著『生きられた法の社会学――伊丹空港「不法占拠」はなぜ補償されたのか』新曜社 2008（第8回日本社会学会奨励賞著書の部）;『3.11慟哭の記録――71人が体感した大津波・原発・巨大地震』（編著）新曜社 2012（第9回出版梓会新聞社学芸文化賞）;『千年災禍の海辺学――なぜそれでも人は海で暮らすのか』（編著）生活書院 2013;『新体感する社会学――Oh! My Sociology』新曜社 2014;『震災メメントモリ――第二の津波に抗して』新曜社 2014;『反福祉論――新時代のセーフティーネットを求めて』（共著）ちくま新書 2014;『呼び覚まされる霊性の震災学――3.11生と死のはざまで』（編著）新曜社 2016;『震災学入門――死生観からの社会構想』ちくま新書 2016;『悲愛――あの日のあなたへ手紙をつづる』（編著）新曜社 2017;『私の夢まで、会いに来てくれた――3・11亡き人とのそれから』（編著）朝日新聞出版 2018;『3.11霊性に抱かれて――魂といのちの生かされ方』（編著）新曜社 2018; 令和元年度社会調査協会賞（優秀研究活動賞）受賞;『災害社会学』放送大学教育振興会 2020;『震災と行方不明――曖昧な喪失と受容の物語』（編著）新曜社 2020

新曜社
永訣
あの日のわたしへ手紙をつづる

初版第1刷発行　2021年1月30日

編　者　金菱　清
東北学院大学 震災の記録プロジェクト
発行者　塩浦　暲
発行所　株式会社　新曜社
101-0051　東京都千代田区神田神保町3-9
電話03（3264）4973（代）・FAX03（3239）2958
Email: info@shin-yo-sha.co.jp
URL: https://www.shin-yo-sha.co.jp
印刷製本　中央精版印刷

ISBN978-4-7885-1705-9 C1036

震災と行方不明　曖昧な喪失と受容の物語
東北学院大学　震災の記録プロジェクト　金菱清（ゼミナール）編
四六判並製240頁・2300円

3・11霊性に抱かれて　魂といのちの生かされ方
東北学院大学　震災の記録プロジェクト　金菱清（ゼミナール）編
四六判並製192頁・1800円

悲愛　あの日のあなたへ手紙をつづる
金菱　清　編　東北学院大学　震災の記録プロジェクト
四六変型240頁・2000円

呼び覚まされる　霊性の震災学　3・11生と死のはざまで
東北学院大学　震災の記録プロジェクト　金菱清（ゼミナール）編
四六判並製200頁・2200円

震災メメントモリ　第二の津波に抗して
金菱　清　著
四六判上製272頁・2400円

3・11慟哭の記録　71人が体感した大津波・原発・巨大地震
金菱　清　編　東北学院大学　震災の記録プロジェクト
四六判上製560頁・2800円

新　体感する社会学　Oh! My Sociology
金菱　清　著
四六判並製240頁・2200円

生きられた法の社会学　伊丹空港「不法占拠」はなぜ補償されたのか
金菱　清　著
四六判上製264頁・2500円

価格は税抜